思想的．睿智的．獨見的

經典名著文庫

學術評議

丘為君 吳惠林 宋鎮照 林玉体 邱燮友
洪漢鼎 孫效智 秦夢群 高明士 高宣揚
張光宇 張炳陽 陳秀蓉 陳思賢 陳清秀
陳鼓應 曾永義 黃光國 黃光雄 黃昆輝
黃政傑 楊維哲 葉海煙 葉國良 廖達琪
劉滄龍 黎建球 盧美貴 薛化元 謝宗林
簡成熙 顏厥安（以姓氏筆畫排序）

策劃 楊榮川

五南圖書出版公司 印行

經典名著文庫

學術評議者簡介（依姓氏筆畫排序）

- 丘為君　美國俄亥俄州立大學歷史研究所博士
- 吳惠林　美國芝加哥大學經濟系訪問研究、臺灣大學經濟系博士
- 宋鎮照　美國佛羅里達大學社會學博士
- 林玉体　美國愛荷華大學哲學博士
- 邱燮友　國立臺灣師範大學國文研究所文學碩士
- 洪漢鼎　德國杜塞爾多夫大學榮譽博士
- 孫效智　德國慕尼黑哲學院哲學博士
- 秦夢群　美國麥迪遜威斯康辛大學博士
- 高明士　日本東京大學歷史學博士
- 高宣揚　巴黎第一大學哲學系博士
- 張光宇　美國加州大學柏克萊校區語言學博士
- 張炳陽　國立臺灣大學哲學研究所博士
- 陳秀蓉　國立臺灣大學理學院心理學研究所臨床心理學組博士
- 陳思賢　美國約翰霍普金斯大學政治學博士
- 陳清秀　美國喬治城大學訪問研究、臺灣大學法學博士
- 陳鼓應　國立臺灣大學哲學研究所
- 曾永義　國家文學博士、中央研究院院士
- 黃光國　美國夏威夷大學社會心理學博士
- 黃光雄　國家教育學博士
- 黃昆輝　美國北科羅拉多州立大學博士
- 黃政傑　美國麥迪遜威斯康辛大學博士
- 楊維哲　美國普林斯頓大學數學博士
- 葉海煙　私立輔仁大學哲學研究所博士
- 葉國良　國立臺灣大學中文所博士
- 廖達琪　美國密西根大學政治學博士
- 劉滄龍　德國柏林洪堡大學哲學博士
- 黎建球　私立輔仁大學哲學研究所博士
- 盧美貴　國立臺灣師範大學教育學博士
- 薛化元　國立臺灣大學歷史學系博士
- 謝宗林　美國聖路易華盛頓大學經濟研究所博士候選人
- 簡成熙　國立高雄師範大學教育研究所博士
- 顏厥安　德國慕尼黑大學法學博士

經典名著文庫206

歷史的地理樞紐

The Geographical Pivot of History

哈爾福德・約翰・麥金德（Halford John Mackinder）著
林爾蔚、陳江 譯
蘇淑娟 導讀

經典永恆・名著常在

五十週年的獻禮・「經典名著文庫」出版緣起

總策劃 楊榮川

> 閱讀好書就像與過去幾世紀的諸多傑出人物交談一樣——笛卡兒

五南，五十年了。半個世紀，人生旅程的一大半，我們走過來了。不敢說有多大成就，至少沒有凋零。

五南忝爲學術出版的一員，在大專教材、學術專著、知識讀本出版已逾壹萬參仟種之後，面對著當今圖書界媚俗的追逐、淺碟化的內容以及碎片化的資訊圖景當中，我們思索著：邁向百年的未來歷程裡，我們能爲知識界、文化學術界做些什麼？在速食文化的生態下，有什麼值得讓人雋永品味的？

歷代經典・當今名著，經過時間的洗禮，千錘百鍊，流傳至今，光芒耀人；不僅使我們能領悟前人的智慧，同時也增深加廣我們思考的深度與視野。十九世紀唯意志論開創者叔本華，在其〈論閱讀和書籍〉文中指出：「對任何時代所謂的暢銷書要持謹慎的態度。」他覺得讀書應該精挑細選，把時間用來閱讀那些「古今中外的偉大人物的著作」，閱讀那些「站在人類之巔的著作及享受不朽聲譽的人們的作品」。閱讀就要「讀原著」，是他的體悟。他甚至認爲，閱讀經典原著，勝過於親炙教誨。他說：

> 「一個人的著作是這個人的思想菁華。所以，儘管一個人具有偉大的思想能力，但閱讀這個人的著作總會比與這個人的交往獲得更多的內容。就最重要的方面而言，閱讀這些著作的確可以取代，甚至遠遠超過與這個人的近身交往。」

爲什麼？原因正在於這些著作正是他思想的完整呈現，是他所有的思考、研究和學習的結果；而與這個人的交往卻是片斷的、支離的、隨機的。何況，想與之交談，如今時空，只能徒呼負負，空留神往而已。

三十歲就當芝加哥大學校長、四十六歲榮任名譽校長的赫欽斯（Robert M. Hutchins, 1899-1977），是力倡人文教育的大師。「教育要教眞理」，是其名言，強調「經典就是人文教育最佳的方式」。他認爲：

「西方學術思想傳遞下來的永恆學識，即那些不因時代變遷而有所減損其價值的古代經典及現代名著，乃是眞正的文化菁華所在。」

這些經典在一定程度上代表西方文明發展的軌跡，故而他爲大學擬訂了從柏拉圖的《理想國》，以至愛因斯坦的《相對論》，構成著名的「大學百本經典名著課程」。成爲大學通識教育課程的典範。

歷代經典．當今名著，超越了時空，價値永恆。五南跟業界一樣，過去已偶有引進，但都未系統化的完整舖陳。我們決心投入巨資，有計劃的系統梳選，成立「經典名著文庫」，希望收入古今中外思想性的、充滿睿智與獨見的經典、名著，包括：

- 歷經千百年的時間洗禮，依然耀明的著作。遠溯二千三百年前，亞里斯多德的《尼各馬科倫理學》、柏拉圖的《理想國》，還有奧古斯丁的《懺悔錄》。
- 聲震寰宇、澤流遐裔的著作。西方哲學不用說，東方哲學中，我國的孔孟、老莊哲學，古印度毗耶娑（Vyāsa）的《薄伽梵歌》、日本鈴木大拙的《禪與心理分析》，都不缺漏。
- 成就一家之言，獨領風騷之名著。諸如伽森狄（Pierre Gassendi）與笛卡兒論戰的《對笛卡兒沉思錄的詰難》、達爾文（Darwin）的《物種起源》、米塞斯（Mises）的《人的行爲》，以至當今印度獲得諾貝爾經濟學獎阿馬蒂亞・森（Amartya Sen）的《貧困與饑荒》，及法國當代的哲學家及漢學家朱利安（François Jullien）的《功效論》。

梳選的書目已超過七百種，初期計劃首爲三百種。先從思想性的經典開始，漸次及於專業性的論著。「江山代有才人出，各領風騷數百年」，這是一項理想性的、永續性的巨大出版工程。不在意讀者的眾寡，只考慮它的學術價值，力求完整展現先哲思想的軌跡。雖然不符合商業經營模式的考量，但只要能爲知識界開啓一片智慧之窗，營造一座百花綻放的世界文明公園，任君遨遊、取菁吸蜜、嘉惠學子，於願足矣！

最後，要感謝學界的支持與熱心參與。擔任「學術評議」的專家，義務的提供建言；各書「導讀」的撰寫者，不計代價地導引讀者進入堂奧；而著譯者日以繼夜，伏案疾書，更是辛苦，感謝你們。也期待熱心文化傳承的智者參與耕耘，共同經營這座「世界文明公園」。如能得到廣大讀者的共鳴與滋潤，那麼經典永恆，名著常在。就不是夢想了！

二〇一七年八月一日　於

五南圖書出版公司

目錄

導讀

介於空間、時間與社會的環境地理學

／國立臺灣師範大學地理學系教授　蘇淑娟

生於十九世紀中期並歷經兩次世界大戰的英國人哈爾福德・麥金德爵士（一八六一－一九四七），承載著深刻的時代精神，表現在他對後來稱爲陸權假說的地緣政治的重視，也散布在他的其他作品中，如《我們的島嶼：地理學的基礎研究》（一九○七）、《民主的理想和現實：國家政治再建構的政治研究》（一九一九）等，凸顯陸權假說意涵主張的避免蘇俄和德國結盟的可能惡果。主修生物學使他重視動物、植物與其環境知識的應用；其後，他以一年取得歷史學學位中更重視地理環境與歷史變遷結合的重要，也正是〈歷史的地理樞紐〉和〈地理學的範圍和方法〉的焦點之一，他追求「以了解進化論如何展現在人類發展的想法，來研究現代歷史」（Gilbert, 1972），平行於進化論的觀點，麥金德在見證大英帝國於全球殖民活動競逐的歷史變遷與地理消長中，堅定主張具有大範圍土地資源和疆域對國家主權強弱之重要性。

《麥金德：地理作爲治國之道的輔助》（Parker, 1982）一書的評論者，不少認爲英國政壇充斥著理想主義者、理論家和哲學家，意涵著自豪的英國人看似務實、重常識的政治態度中，不時地產生不切實際的政治家，例如：爲原則而失去理智的湯瑪斯．莫爾爵士（Sir Thomas More）、替無政府主義辯護的愛德蒙．伯克（Edmund Burke）、或伊諾．鮑威爾（Enoch Powell）的鮑威爾主義標榜單一價值，而淪爲民粹主義。評論麥金德者也常有類似議論，視其以地理哲學推動基督教文明爲本的歐洲，或獨尊白人的英國，缺乏尊重多元。

儘管有如此看似詆毀麥金德的論述，卻無損麥金德的學術成就，尤其是從人文與社會科學終極目的乃爲解決問題或提供解方而言，麥金德的作品今日仍提供思考地理學的實證方法與學科內涵之本，以及地理學跨領域本質之基礎。認識麥金德的論述應以他的生長環境背景、國內外政治氛圍、學術發展環境背景爲基礎。麥金德生於經濟無憂的家庭，接受當代英國所謂優良教育的訓練，大學主修生物和歷史學，卻成爲具多方貢獻的地理學者和政治家；他二十六歲在英國皇家地理學會大會宣讀〈地理學的範圍和方法〉（一八八七），一九〇三年被任命為倫敦經濟學院院長，後來更不顧海權地緣政治觀念的競爭，發表陸權論述，亦即是〈歷史的地理樞紐〉（一九〇四），此著作具有時代關鍵意義之外，也多數回應他定義地理學的方法和範疇的企圖，對地理學學科領域建構有所貢獻，也定調他不凡的一生。

地緣政治，是當前**政治地理學**的學科知識中頗具爭議的語詞，部分由於其人類道德內涵、部分因其空間尺度的定義、部分則因其符旨與符徵的落差，不一而足。麥金德的地緣政治論述，不僅是一種看待世界的方式，更如英國學者李文斯東（Livingstone, 1992）所說的是積極服務國家的觀念，一如李文斯東闡述英國皇家地理學會於一八三〇年代成立時的願景般：地理學對海權的大英帝國的成就有關鍵性的意義，陸權假說則警醒著當時備受他國殖民活動威脅的不列顛。地緣政治的跨領域特質是另一要義，雖然麥金德的書寫傾向於（自然）環境決定論，但他不時以人文社會和交通科技指出地緣政治優勢所在，李文斯東以 go-between 概念說明地緣政治的地理學對自然環境與文化環境的綜整與融合之需。

提出地緣政治的瑞典政治科學家謝倫（Johan Rudolf Kjellén），視其爲系統性認識國家本質的專有名詞，認爲現代國家爲先興後衰的有機系統，地緣政治則指國家因其內部的地理特徵而產生的問題和狀況，包含影響國家政權的經濟因素、種族因素及其衍生的問題等，此論有別於麥金德的全球尺度的地緣政治概念。謝倫的國家有機論對世界有極大影響力，對德國尤甚，例如其《國家作爲一種生命形式》（瑞典文 *Staten som livsform*，*The State as a Life-Form*, 1916）在德國卻發展出與原本的社會科學概念截然不同的意識形態，產生諸多爭議，例如生存空間概念與對猶太人的荼毒。儘管生活在英國海權高漲的時代，麥金德的陸權說不但著重歐亞大陸環境現實，更是超越國家疆域的，也是世界區域；以世界島的空間尺度，進行一個地球核心的空間假設論述，他寫道：「控制東歐即掌控心臟地帶，控制心臟地帶即掌控世界島，控制世界島即掌控世界」（《民主的理想和現實》，一九一九）。

地緣政治的爭議之一乃道德的爭議，尤以「生存空間」（Lebensraum）概念與其後在二次世界大戰期間德國的國家社會主義之民族主義式的意識形態爲甚，在二戰期間寫下人類歷史的醜聞悲劇——希特勒政策對猶太人的惡劣罪行。謝倫受到德國地理學與民族誌學者雷次兒（Friedrich Ratzel）的社會達爾文主義深刻影響；雷次兒以適者生存的概念，主張爲了獲得繁榮發展所需的領土和資源，移民終是必要，他首度提出「生存空間」概念，以開拓新空間與資源來因應人口增加之需。然而，有別於當時殖民主義主張的征服國利用領土獲取物資以發展工業，雷次兒主張擴展的空間領土由農民墾殖，兩者成鮮明的對比。亦即是，雷次兒的生存空間概念無涉侵略性的政治或經濟資源搜刮，單純主張空間擴張，他認爲空間動機是歷史的驅動力，推動擁有偉大文化的民族之自然擴張。一些評論認爲受雷次兒影響的麥金德陸權觀念影響希特勒的師長豪斯霍費爾（Karl Haushofer），而致後來的納粹大屠殺；觀念的使用與信仰是時代的產物，而歷經時間之後，觀念如何被運用與轉化，實非原作者所能控制，今人閱讀麥金德的〈歷史的地理樞紐〉是否可合理連結到納粹大屠殺及民族生存空間的糾結，本非易事，或許應解脫麥金德思想不義於猶太人之說，回到陸權論本身。

這樣說並不代表麥金德的陸權論不涉民族，他以歷史上的民族發展和消長說明歐亞大陸、北非、西亞等地的民族交織，更在環境爲本的角度上指出民族的優勢即其生活技藝，而生活技藝則是環境應允所創造出來的。他以鐵道交通（科技）進展，比較以蒸汽推動船隻的海上發展殖民優勢日漸失去其比較利益，認爲俄國作爲陸地大國，一旦擁有如織網的鐵路、聯結其歐亞鄰國，其人口、小麥、棉花、燃料、金屬等資源的巨大潛力，終將超越海洋殖民的利益。此論述凸顯麥金德的環境決定論，也凸顯他作爲一位服務國家的學者與政治家對大不列顛帝國海上殖民活動漸趨下坡的歷史洪流的憂心，而透過地理、歷史、民族發展、國家疆域關係，他試圖開拓陸權的地緣新論，以爲警戒。

麥金德對英國殖民活動前途的憂慮和陸權說之先見新論並非毫無根據。雷次兒的生存空間和環境決定論述的發展期間，適逢普法戰爭後德國工業主義發展及需求市場，引起他重視英德兩國殖民競逐終將受到美國海權地緣戰略崛起之影響。海權論的重要人物馬漢（Mahan）的論述是麥金德研究探索的對象，相對於馬漢認爲海權具有自我維持力（海上貿易利潤遠超過支付商船的費用），麥金德以騎馬的草原遊牧民族在森林清除、沼澤排水、草原開墾後的疆域和資源之強大潛力，有著不可預測的恐懼，而作爲「理性的研究者」他以人類社會的歷史和地理的發展，結合當時蒸汽鐵道的交通科技取代蒸汽船隻的可能，警戒大英帝國的前景，並不忘以黃禍指出地理上與蒙古利亞種的鄰近性可能造就的不確定因素，例如亞洲的日本和中國若聯合，對俄羅斯帝國的可能威脅，以及若俄羅斯帝國能取得日、中兩國的海洋優勢，則能爲全球地緣關係帶來更多變化。

這整體的論述對話，正是地緣政治的全球和國際疆域尺度的展演，也是傳統的地緣政治論述；若將麥金德的物質主義和國家疆界尺度框架放鬆，置於較小的空間單元或尺度，可體現二十世紀下半葉至二十一世紀今日的政治地理學的地緣論之多元，如分裂世界論、文明衝突論、多極論等，而這些新的地緣政治概念可用於理解比國家或全球區域更小的領域之地緣關係與權力爭奪，而進入多元殊異的空間尺度，也容許探究繁複的政治地理現象，例如今日的克里米亞之於蘇俄與烏克蘭的地緣政治意義；釣魚島主權之於日、中、臺三國的意義；中國於南海建造島礁（如永暑礁、美濟礁和渚碧礁）對東南亞國家與臺灣的地緣政治意義等。

陸權說的內涵點出地理學研究與內涵的豐富，也是回應〈地理學的範圍和方法〉主張的實證方法和多元範疇的地理學，一如以比較視野閱讀〈歷史的地理樞紐〉，可知地理樞紐乃建立在自然和人文環境基礎，涉及生物、水文、氣候、族群關係、國際關係、政治、歷史、地理、經濟等，如同麥金德所論「地理學涉及許多學科，但它並不整體地包括這些學科」（第五十九頁）。

讀者或許注意到書中提到的諸多人名，除了是領域學者之外，他們多半有政治家的身分，更顯陸權說爲服務國家的論述，例如麥金德擔任大英帝國諸多國家委員會要職、本書兩篇文章都在英國皇家地理學會演講等，凸顯地理學會是殖民活動的脊梁與科學之本，亦是麥金德主張科學與實用的關係應密切之故。實用主義觀點的地理學意欲解決問題，卻不容許解方再產生其他問題，因此〈地理學的範圍和方法〉主張地理學應包含自然環境和人文社會環境，以發展成新科學（或新地理學），使具跨學科對話能力。本書內容不時點出單一專業科目的侷限，而地理學作爲一個學科應是從自然環境到人文環境兼容並包。〈地理學的範圍和方法〉乃超過百年的地理學科定位呼喚之文章，卻與二十一世紀環境變遷、氣候變遷、極端的氣候環境問題下，學術社會推動的跨領域學術發展不謀而合。

麥金德從不列顛殖民歷史與世界殖民活動在十九世紀末到二十世紀初的變遷，體認典範轉移對不列顛的挑戰，也是他見證第二次工業革命之領航者德、日、美等國，以電力和電燈取代第一次工業革命的煤礦、紡織和蒸汽機主流的英國，挑戰英國地位；陸權論，可說是麥金德警戒國家主體與疆域權力的典範轉移論述。於是，他企圖提出「新觀念」以成爲改變人類歷史的關鍵，陸權說作爲新觀念到底傳達了怎麼樣的麥金德呢？簡單說，麥金德基於對歐亞大陸自然環境與民族歷史發展掌握之細緻，提出與今日世界現實未必相符的陸權假說，但它卻是充滿脈絡性的觀念，〈歷史的地理樞紐〉闡述觀念來自脈絡，包含廣義的人類環境和自然環境的關係所創造的環境脈絡。例如，英格蘭作爲一個觀念，始於丹麥和諾曼征服者對於所謂赫普塔克人（中世紀早期英國七國時代的七國人群）的威脅而創造的；又如，基督教世界的觀念，則來自羅馬人的迫害與十字軍東征之威脅。

觀念作爲情境概念，並非存在眞空中，它有形塑過程、有動力；此重點在〈地理學的範圍和方法〉闡述英格蘭白堊層地形區域的地形表徵、河川分布狀態、聚落形式、都市分布，乃至於語言、文化、地名等的密切關係之描述說明鞭辟入裡，體現地理學的方法爲**好奇發問**、**觀察**、**描述**、**因果邏輯說明**，也是**有序**、**有步驟**地表達人與環境關係的實例。這些經典方法至今仍未改變，惟因科技和科學進步而更精緻、深化與多元。或許可說，結合概念與麥金德企圖定義的地理學方法的討論，即是十九世紀末地理學企圖翻轉學科定義困境的出路。看似簡單，卻是今日地理初學者需要耐心實際操作與訓練經歷的，以建構優良的地理學教育基礎。

〈歷史的地理樞紐〉部分回應〈地理學的範圍和方法〉定義地理學的企圖：麥金德認為按他建議的方法探究發問的地理學，是「滿足政治家和商人的實際要求、歷史學家和科學家的理論要求，以及教師的知識要求」（第七十頁）；他認為科學與實用不能分開，地理學的廣度和多元的內容，是它主要的長處，也是人類社會對人與環境關係的認識不流於淺薄的關鍵。〈歷史的地理樞紐〉也回應〈地理學的範圍和方法〉結尾的：「世界在變化著，看來名著也變成一項專業，不管我們對已經發生的事情的變化表示遺憾或者歡呼，我們同樣有責任去找出一種代替的手段。」（第七十頁）所謂的「代替的手段」或可說是麥金德以陸權說回應海權論，以作為「代替的手段」。論述中的「陸狼」和「海狼」（第六十七頁），則是體現中級空間尺度之陸區位與海區位之地緣政治關係。麥金德作品體現地理學學科範疇與方法的積極性，也是他對地理學作為一個學科的堅持與執著，儘管當時學科之應用多為殖民之需。

地理學作爲一個跨領域學科而言，「知識歸根到底是一個整體，但是當今的極端專門化卻似乎使某類聰明才智之士無法知道實際。我們越專門化，就會有更多的空間和更多的需要……最大的隔閡來自自然科學與人類研究之間。地理學家的責任是建立一座橋梁」（第四十頁），此觀念是地理學對跨領域的重要性之堅持，乃麥金德的先見之明。跨領域學科知識的互相採用到底應到什麼程度？麥金德利用佩歇爾（Peschel）的《自然地球學》（第五十九頁），指出地理學不應過度包含非地理學的細節，例如過多關於氣壓計的討論和校正氣壓計的公式論證，卻不涉地理學，只會讓地理學失焦。如此觀點簡單而直白，卻是領域邊界與跨領域協作的拿捏標準，對於地理學專業深化的意義重大，卻又可建構跨領域知識應用互補的方式。

今日政治地理學在過去的地緣政治之後，發展出多元尺度以兼具物質與精神文化議題的政治地理學，從國家疆域領土、國際關係和全球化、內部領土組織和地理規模、社會運動和選舉參與、身分和公民認同等主題，不一而足，儘管這些主題看似和麥金德的地理樞紐無涉，卻與其所持的跨領域和多元內涵有關。地理環境和地理學恆常在環境局勢和空間變遷下，產生有彈性的現象與議題，與麥金德的方法和範疇之相對關係主張無二致，間接指向他對地理學特質或本質之先進視野。

套用麥金德的環境脈絡與相對互相形塑的關係，陸權論述生產於殖民地競逐的脈絡，不僅凸顯自然環境，也是討論交通科技變遷對翻轉殖民關係與國際關係的觀念。過去，人類民族的強弱與資源需求所引起的殖民活動，從地中海、大西洋到太平洋逐一展開的歷史，在今日則是全球東西半球空間與資源關係變遷對話的過程。過去的王權、技術、科學是經濟強弱的催化劑，而今日全球變遷下的社會汲汲營營於經濟、社會與環境韌性的建構之下，深化的民主對空間關係的強弱或優劣的意義爲何？民主的理想是麥金德後期作品的要點，若以今日民主的概念作爲起點，取代地理疆域空間關係，去思考人類社會強弱關係未來發展，一時之間不易回答，然而民主的自由、公正、多元和尊重少數等價值，將使全球人權和環境關係更具和平和韌性。

（二〇二三．秋）

譯者前言

本書包括英國近代地理學鼻祖哈．麥金德的兩篇論文：〈地理學的範圍和方法〉與〈歷史的地理樞紐〉。兩篇文章雖然都不很長，影響卻廣泛而深遠，特別是後者，我們就以它作爲書名。

這兩篇文章都是在英國皇家地理學會宣讀的。〈地理學的範圍和方法〉在一八八七年一月份宣讀，立即在英國引起了很大的反應，把英國的地理教學推到一個新的階段，並奠定了今日英國地理學的思想基礎。這篇論文被認爲是英國地理學的一篇經典文獻。〈歷史的地理樞紐〉於一九〇四年一月份在英國皇家地理學會宣讀，則影響到世界政治。八〇年代初，一個美國人把此文與達爾文的《物種起源》、馬爾薩斯的《人口論》、愛因斯坦的《相對論》、潘恩的《常識》等十五種書並列，稱爲「十六本改變世界」的「巨著」。

〈歷史的地理樞紐〉這篇論文所以能影響世界政治，被人們作出這種或那種評價，是因爲麥金德在文章中提出了「心臟地帶」的論點。他是第一個以全球戰略觀念來分析世界政治力量的人。他的觀點得到德國納粹地理學家豪斯霍費爾的讚賞，成爲德國地緣政治學的思想來源之一。麥金德後來爲自己辯解說：在他宣讀這篇論文的時候，「遠遠在有任何納粹政黨問題之前」。但是，我們知道，思想的傳播是不受時間和空間的約束的。

這篇論文是地理學史上爭論很多的文章之一。對於這一點，我們認爲聯繫麥金德宣讀這篇論文時的歷史背景來進行分析是很有必要的。當時，大英帝國正處於積極向外擴張、殖民的勢頭上，麥金德的這篇論文無疑從英國爭霸世界的考慮出發，因而，在論文宣讀以後進行討論時，有人爲「會議室裡」「一部分座位並沒有內閣成員在座」而「感到遺憾」。

如何看待地理環境與人類的關係是地理學中的重大問題，麥金德在這兩篇論文中，顯然強調了地理環境的支配作用。

這兩篇論文都是西方地理學的名作，它們有很多偏見，但是集中了一個時代、一個階級的思想，成爲一種思潮的代表，值得我們去涉獵，去剖析，去研究，因而，我們特把全文譯出。吉爾伯特的〈引言〉，對麥金德的生平和麥金德作這兩次演說時的背景，提供了第一手的材料，有助於我們深入研究這兩篇論文。

這篇簡短的〈譯者前言〉，它並不是對麥金德這兩篇論文的具體分析，只是在翻譯過程中的一點看法，寫出來供讀者參考而已。最後，承葛以德教授對本書的某些部分給予仔細校訂，謹在此表示深切的謝意。

一九八四年十二月

引言

這本小冊子是哈爾福德・麥金德爵士兩篇論文的重印本。這兩篇論文都是向皇家地理學會宣讀的，第一篇在一八八七年，第二篇在一九〇四年，兩篇論文都產生了巨大影響，第一篇是關於英國的地理教學；第二篇涉及許多國家的地理學思想，甚至涉及國際關係的問題。現在予以重印，是因爲除了在整套《學會年報》（*Proceedings*）和在整套《地理雜誌》（*Geographical Journal*）中外，就很難找到這兩篇論文了。這篇〈引言〉旨在對麥金德一生的主要事實勾畫出一個輪廓[1]，然後再略述一下宣讀這兩篇著名論文時的情況，以及宣讀後的討論摘要；對麥金德以後發展他的「樞紐地區」思想和這一思想對某些德國作者所產生的影響，也作些簡要的敘述。

1 哈爾福德・麥金德爵士的訃告刊登在一九四七年三月八日《泰晤士報》（*Times*）上；以及《地理雜誌》第一一〇期（一九四七）第九十四—九十九頁，作者 E. W. 吉爾伯特（Gilbert）；《自然》（*Nature*）雜誌第一五九期（一九四七）第五三〇—五三一頁，作者 L. 達德利・史丹普（Dudley Stamp）；《地理》（*Geography*）第三十二期（一九四七）第一三六—一三七頁，作者希爾達・奧姆斯比（Hilda Ormsby）。

哈爾福德·約翰·麥金德，一位鄉村醫生的長子，一八六一年二月十五日出生於林肯郡的蓋恩斯巴勒。他對公共事務的最早回憶可以追溯到一八七〇年九月的某一天，當時，作爲一個剛剛在蓋恩斯巴勒中學上學的小小走讀男生，他給家裡帶來了拿破崙三世和他的全軍在色當投降普魯士的消息，這個消息是他從貼在郵局門上的電報中得知的。他還記得掛在他家書房裡一張著名的海軍交戰圖，那是一八六二年三月在第一艘裝甲軍艦「梅里麥號」（Merrimac）和第一艘炮塔炮艦「班長號」（Monitor）之間進行的。

一八七四年，他被送到埃普索姆學院學習，他父親想要他成爲一名醫生。一八八〇年，牛津基督教教會向他提供一筆爲期五年的物理學初級獎學金，同年十月他進入牛津大學。在這所大學裡他走過一段光輝的歷程，攻讀過兩個榮譽的學科——自然科學和近代史，曾擔任該校學生俱樂部的主席，並在內殿（Inner Temple）[2]獲得律師資格。

從一八八五年起，他和一位同屬於基督教教會的朋友邁克爾·薩德勒

2 現為法學協會。——譯者

（Michael Sadler）一起參加牛津大學的擴展運動。他於一八八五年冬天和一八八六年周遊全國，以一個美以美教會傳教士的全部熱情，宣講他所稱爲的「新地理學」。在皇家地理學會幾名著名成員聽到這些宣講之後，邀請他去作一次〈地理學的範圍和方法〉的報告。現在這裡重印的就是這篇報告。在麥金德宣讀論文後只有幾星期，牛津大學就決定在地理學方面設立一個爲期五年、薪水三百英鎊的講師席位，由學會每年捐助一百五十英鎊。一八八七年七月，麥金德被委任爲這一講師新職。他擔任牛津大學這個職務一直到一九〇五年。由於他多方面的努力以及來自皇家地理學會相當大的財政支持，牛津大學於一八九九年創立了地理系。麥金德擔任這個機構——英國第一個地理系——的主任，這是一個教員能夠受到培訓，並且可以獲得具有公認資格的地方。牛津大學的擴展運動在雷丁特別成功，一八九二年基督教教會推選麥金德取得獎學金，並推薦他去雷丁工作。同年雷丁學院開辦，麥金德作爲該院院長一直工作到一九〇三年。正如麥金德自稱的那樣，他是一名「兼職人員」；他在牛津大學和雷丁學院擔任職務的同時，從一八九五年起還在倫敦大學擔任教師職務。這項職務最後成爲倫敦經濟學院（倫敦經濟學院係倫敦大學的附屬學院——譯者）

經濟地理學的一個講師席位，而麥金德一直到一九二五年才最後在倫敦大學的教學崗位上退休[3]。從一九〇三年十二月到一九〇八年，他還擔任倫敦經濟學院院長。多年來，麥金德確實集中他的主要精力，力圖使地理教學成爲牛津大學、雷丁學院和倫敦大學的一門主課；但同時也不能忘記，他的地理工作並不完全是學院性的，因爲他在一八九九年夏天還首次登上了肯亞山[4]。

---

3 一九二三年倫敦大學授予麥金德個人以教授的頭銜，但倫敦經濟學院直到一九二五年麥金德退休之後，才建立地理學講座。

4 關於探險的報告，詳見 **H. J.** 麥金德著〈到英屬東非肯亞山山頂的旅行〉（A Journey to the Summit of Mount Kenya, British East Africa）（按：肯亞現已獨立——譯者），《地理雜誌》第十五期（一九〇〇）第四五三—四七六頁；〈登上肯亞山〉（The Ascent of Mount Kenya），《登山雜誌》（*Alpine Journal*）第二十期（一九〇〇—一九〇一）第一〇二—一一〇頁。一九三〇年，麥金德還就這次旅行向英國皇家地理學會作了一次簡短而生動的報告（〈一八九九年在肯亞山〉（**Mount Kenya in 1899**），《地理雜誌》第七十六期（一九三〇）第五二九—五三四頁）。這篇文章是英國探險家在探險史上關於特殊事件的一系列演說中的一篇，而且成為皇家地理學會一百周年慶祝活動的一個組成部分。

麥金德自從早期在牛津大學擔任學生俱樂部的工作以來，對政治一直懷有強烈的興趣。他在學術研究方面的興趣以及在應用他的地理學思想於政治的方法，在重印於此的第二篇論文〈歷史的地理樞紐〉中都有例證，這篇論文在一九〇四年一月曾向皇家地理學會宣讀過。但是正像他對地理上的學術研究工作使他成爲這個領域的開拓者一樣，他在政治上的理論研究也使他成爲一名從事活動的政治家。一九〇〇年進入沃里克和利明頓議會與一九〇九年進入霍伊克自治市議會的兩次嘗試失敗以後，一九一〇年一月，麥金德在格拉斯哥的卡姆拉基（Camlachie）選區以四百三十四票的微弱多數當選。同年十二月的普選中，他甚至只獲得二十六票這樣更少的多數，繼續代表卡姆拉基選區一直到一九二二年他在選舉中失敗爲止。一九一九—一九二〇年，他是英國駐南俄的高級專員，並在回國時，獲得爵士稱號。一九一九年他擔任英國皇家所得稅委員會和英國皇家發明專利委員會這兩個委員會的委員，一九二五年擔任食品價格委員會的委員。一九二〇年他擔任帝國航運委員會主席，並且保持這個職位到一九四五年。一九二六年他成爲英國樞密院顧問官兼帝國經濟委員會主席——擔任此職一直到一九三一年。

一八八六年，麥金德被選爲英國皇家地理學會會員，並終生與它保持聯繫。從一九〇九—一九一二年，又從一九二八—一九三六年，他在皇家地理學會的理事會工作；從一九三二—一九三六年他擔任這個學會的副主席；一九四六年他獲得佩特倫（Patron）獎章。一九四七年三月六日，麥金德逝世於多塞特郡的帕克斯通（Parkstone）家中。

地理學的範圍和方法

正如早已敘述過的那樣，麥金德在促進成人教育方面起過積極作用，他總共給牛津大學擴大講座講過六百多次課。負責一八八五—一八八六年舉辦這些講座的委員會在報告中說：在萊茵河畔阿什頓、伯里、巴思、羅瑟勒姆、蓋恩斯巴勒和林肯等地，「麥金德先生向大班級的工作人員和其他人士所作的演講是十分成功的。」麥金德擴大講座一些最初教程的主題是「新地理學」[5]，英國皇家地理學會的助理幹事 H. W. 貝茨（Bates）

5 J. F. 昂斯蒂德：〈麥金德和新地理學〉，《地理雜誌》（J. F. Unstead, H. J. Mackinder

邀請麥金德到薩維爾（Savile）街地理學會所在地去見他。看來是地理學會的前名譽幹事法蘭西斯・高爾頓（Francis Galton）聽到這些講座的情況，建議貝茨要求麥金德把他關於「新地理學」的意思寫下。一篇麥金德論文的草稿於是被提交給當時的學會名譽幹事克萊門茨・馬卡姆（Clements R. Markham），他以極其熱情的詞句向學會理事會作了報告，並預定在適當的時候邀請麥金德到學會演講。

麥金德的論文〈地理學的範圍和方法〉是在一八八七年一月三十一日宣讀的，學會副主席理查・斯特雷奇（Richard Strachey）將軍是這次會議的主席。《學會年報》記載說：這次演講，「是透過圖表和利用屈光燈和灰光燈作工具，把典型的地理觀念投影在銀幕上來加以說明的」。在演說中，麥金德有力地抨擊了英國皇家地理學會理事、少將弗雷德里克・戈德斯米德（Frederic Goldsmid）爵士，於一八八六年九月在伯明罕任英國皇家學會E分會（地理）主席就職演說時所表達的觀點。現在很

---

and the New Geography, *Geog. J.*）第一一三期（一九四九）第四十七—五十七頁。麥金德關於《新地理學》（一八八六）講座的印刷摘要仍有藏書。

難回憶那次大膽演說在群眾中難免會引起的強烈感受，但是我們應該記住，在舉行這次會議時，麥金德還不到二十六歲，而且還只不過是一名學士。因此，「一位尊敬的海軍將軍——坐在會場前排的學會理事，在整個演說過程中嘴裡不斷嘮叨著『該死的厚臉皮！』」這就不足爲奇了。麥金德在以後的日子裡，很樂意談論這件事，並且說當他宣讀論文時[6]，他是「一名年輕的革命者」。當時在學會理事會中有兩位海軍將軍：林賽·布賴恩（Lindesay Brine）將軍和 F. L. 麥克林托克（McClintock）爵士將軍。討論這篇論文的時間很長，而且十分熱烈；休會到二月十四日下次會議繼續舉行。斯特雷奇將軍仍然是會議的主席。麥金德從他的論文提綱開始，並作出另一個地理學定義來補充上次會議他所作的定義。這次，他把這個主題解釋爲「分布的科學，那就是探索地球表面事物一般排列的科學」。正如他在論文中所寫的那樣，他力陳「把自然地理和政治地理結合起來」[7]的必要性。麥金德解釋說，他給地理學下這樣定義的理由是基於

---

6 《蘇格蘭地理雜誌》（*Scot. Geogr. Mag.*）第四十七期（一九三一）第三三三頁。

7 麥金德在當時流行的廣泛意義上使用了「政治地理學」這個詞，大致相當於現在所說

如下信念：「十個探索地理學的學者中必然有九個是從人類的立場來進行的。」他又說：「他們希望把世界作爲人類環境來研究。」弗雷德里克・戈德斯米德爵士——這位他的意見受到麥金德非常猛烈攻擊的人，在討論中第一個發言，他用相當長的時間來爲自己的觀點辯護。法蘭西斯・高爾頓接著發言，他對麥金德的觀點表示讚賞。他把地理學解釋爲一種藝術，對「特殊地區中較有興趣的特徵進行生動和有聯繫的描述」，並且預言麥金德「肯定會在地理學教育上產生影響」。接著高爾頓發言的是巴思學院院長T. W. 鄧恩（Dunn）和巴特西教育學院院長卡農・丹尼爾（Canon Daniel）；前者支持這篇論文的觀點，後者則給予較多的批評。有趣的是，在宣讀卡農・丹尼爾的發言時，牆上掛有三幅印度斯坦（原文如此——吉爾伯特）地圖來說明麥金德的論文。他說：「一幅表明人口，另一幅表明雨量，第三幅表明山脈和水系」，並且對這三幅圖之間

的「人類地理學」。一八八八年，在他所著的《地理學的家庭讀物要旨》（*Syllabus of Home Reading in Geography*）一文中，他抱怨政治地理學是「地理學在人文方面並不適當的一個名詞」。

「非常緊密的相互依存關係」作出評論。倫敦皇家學院地理學教授 H. G. 西利（Seeley），表示基本上同意麥金德提出的觀點。下院議員詹姆斯·布賴斯（James Bryce）（後來是布賴斯子爵），熱烈支持麥金德，並且「高度讚揚他論文中所表現的特點：異常清楚、邏輯周密和深刻的哲學觀點」。對於布賴斯來說，「地理學既不是一種描述的，也不是一種分布的科學，而是一種因果關係的科學，它的職能是顯示各種自然特徵的原因，首先對於相互之間，其次是對於人類所起作用的途徑。」他總結說：「如果在大的學校裡有一個行將成爲教員的二十人的班級，要接受諸如麥金德所推薦的在地理學上的訓練，那將極大地吸引著學生們的思想，不僅是地理系，而是所有與地理學有關的每一種學科也都會變得生動活潑，並且處處滲透著與地理學有關的概念，而相同的概念和方法也會在英國的學院和學校中逐漸滲透和推廣，直到人們對地球表面的淵博知識成爲常識的一部分。」

經過另一位理事會成員 E. 德爾馬·摩根（Delmar Morgan）幾次觀察之後，道格拉斯·弗雷什菲爾德（Douglas Freshfield）作了一次長篇講話來支持麥金德的觀點。他從宣讀馬卡姆寫給理事會關於麥金德論文的書面報告摘要開始，其中他曾經說過：「宣讀和認眞地考慮這篇論文將在我們學會的歷史上形成一個新紀元。」弗雷什菲爾德用敘述麥金德的牛津大學擴大講座在曼徹斯特受到初級學校教員熱烈歡迎的情景，來回答那些懷疑論文所建議的地理教學方法能否在實踐中取得成功的批評者，弗雷什菲爾德有信心地說：「地理學會由於鼓勵這種教學，無論在大學或初級中學都會得到很大好處。」他在結束發言時，要求所有旅遊者都應該受到訓練，以便他們能更加生動地寫下遊記。他說：「訓練旅遊者洞察力的一種手段是在英國的學校和大學裡進行比較高級的地理學教育」，他還宣稱：「保證做到這一點的唯一方法是聘請有能力的教員，而在培養教員方面，他們必須確保地理學在培訓教員的大學裡有它的恰當地位。」麥金德對「《學會年報》裡不平常的一致同意」感到意外，在他作了簡短的回答之後，會議主席在總結時也作了同樣的簡短講話。

對這次演講所作的考察，可以使讀者看到許多現在在地理思想和地理教學中很一般化的概念，都是首先由麥金德設想出來的。例如，區域觀念是他的論據中不明言的部分，顯然，赫伯森（Herbertson）不應該因爲他把區域觀念介紹到英國地理教學中來，就像人們常常歸功於他一人那樣，獲得這一成就的全部榮譽[8]。以後在一八八七年，在曼徹斯特的英國皇家地理學會上，麥金德宣稱他在牛津大學的正規年度課程之一，將「經常是對一個特殊區域所作的分析」[9]。他又一次首先把地理學作爲跨過「自然科學和研究人類之間」鴻溝的橋梁的創始人之一。這篇論文，正如J. F. 昂斯蒂德博士不久前所說的那樣，是「英國地理學發展史上的一篇經典文獻」，它對現在地理學的地位具有影響[10]。當地理學被分割成許多狹窄的專門學科的時候，無疑人們應該記住麥金德關於這門學科基本統一的觀點。

---

8 除了麥金德和赫伯森以外，許多人在把區域思想介紹到英國地理教學上都起過作用，特別是H. R. 米爾（Mill）的貢獻一定不能忘記。

9 英國皇家地理學會《學會年報》第九十期（一八八七），第六九九頁。

10 《地理雜誌》第一一三期（一九四九）第五十三頁。

歷史的地理樞紐

麥金德的這篇論文〈歷史的地理樞紐〉是於一九〇四年一月二十五日向學會宣讀的，學會主席查爾斯．馬卡姆（Charles Markham）[11]爵士是這次會議的主席，他於十七年前，擔任學會幹事時曾對麥金德的第一篇論文以十分讚賞的態度向學會作過報告。在宣讀這篇論文的前一個月，麥金德被任命爲倫敦經濟學院的院長。他還是牛津大學的地理學講師，直到第二年，這個職務由A. J. 赫伯森博士接任後才辭去。赫伯森博士的著名論文〈主要的自然區域〉（The Major Natural Region）[12]是一個月以後在一九〇四年二月二十九日向英國皇家地理學會宣讀的。〈歷史的地理樞紐〉用了五幅地圖來加以說明，這五幅地圖這裡都複製了，大家可以看到現在稱爲《力量的自然位置》的著名的第五幅地圖。很清楚，這兩位牛津大學地理學家都是把世界作爲一個整體，根據「自然」

11 疑原文有誤，似應為克萊門茨．馬卡姆。——譯者

12 《地理雜誌》第二十五期（一九〇五）第三〇〇—三一一頁。

單元加以考慮的。但是，當赫伯森的《主要自然區域》圖是用莫爾韋德（Mollweide）投影進行繪製時，麥金德的《力量的自然位置》圖則還是用墨卡托（Mercator）投影繪製的——它的周圍所畫的橢圓形使這一事實顯得不那麼明顯了。有人曾經對麥金德爲這張特別的地圖使用墨卡托投影提出一些批評。如果麥金德的設想被重新繪製在以他的「樞紐地區」爲中心的方位等距離的地圖上，人們就會對於在與其他大陸的關係中這個地區的位置，得出一個比較清楚的概念。因爲使用墨卡托投影下的地圖，掩蓋了「樞紐地區」和北美（北極的「冰海」從這裡把它們隔分）之間的眞正關係。

麥金德論文的讀者應該記得，在一九〇四年二月八日，也就是麥金德的論文向學會宣讀只有兩星期之後，日俄戰爭就爆發了。在英國，那是一段強烈的恐俄時期；第一個英日同盟協定在一九〇二年一月簽訂，使這兩個國家更加接近的第二個協定在日俄戰爭結束的一九〇五年八月簽訂。第二個協定規定了相互維護日本在朝鮮的利益和英國在印度的邊界。在這種關係上，考慮一下麥金德的思想是很有趣的，他認爲朝鮮可能成爲一個「橋頭堡，外部的海軍可以從這些橋頭堡支持陸上部隊來迫使樞紐聯盟也部署陸上部隊，從而阻止他們集中全力去建立艦隊。」

這篇論文的討論會是史賓塞．威爾金森[13]用以下這些話開始的：「當我在聆聽這篇論文時，我遺憾地看到會議室裡有一些座位還空著，我更感到遺憾的是其中的一部分座位並沒有內閣成員在座。」接著，他討論講稿中所奠定的兩種主要原理。第一種原理認爲世界已經成爲一個整體，因而也就成爲一個完整的政治體系。他說：「自從近代利用蒸汽改進航海技術以來，這樣的統一整體已經出現。」他認爲麥金德所作出的第二種原理，也就是最主要的是「俄國新近的擴張對世界的極端重要性」。他批評麥金德爲他的地圖使用墨卡托投影來說明論文的主要觀點，因爲那個投影誇大

13 麥金德對一九〇三年由史賓塞．威爾金森（Spenser Wilkinson）主編的《祖國的需要》（*The Nation's Need*）一書投過稿，他的一章（第二二五—二六〇頁）涉及高等教育的學科問題。史賓塞．威爾金森後來成為牛津大學軍史系的奇切利教授（Henry Chiclele，約一三六二—一四三三年，英國大主教，曾在一些教會事務和政治談判中起過作用——譯者注），而且擔任牛津大學地理委員會委員多年，這個委員會負責管理牛津大學地理系的工作。

了大英帝國的面積。史賓塞・威爾金森相信：大不列顛如果能維持住它的海軍力量，它就能「掌握對大陸地區發生作用的各種不一致的力量之間的平衡」。他還認爲日本能夠「在亞洲大陸的東緣產生決定性的和有影響的力量，正像不列顛群島那樣，人口雖然少些，在歐洲大陸卻產生著決定性的和有影響的力量」。

接著發言的是湯瑪斯・霍爾迪奇（Thomas Holdich）爵士[14]。四分之一世紀之後，在兩次戰爭之間的年代裡，跟麥金德一樣，他的言論常常被德國地緣政治學家卡爾・豪斯霍費爾（Karl Haushofer）將軍所引用。豪斯霍費爾最愛引用霍爾迪奇的一句話是：「由於對地理的無知而付出的代價是絕對難以計算的。」在評論麥金德的論文時，霍爾迪奇想知道在不同的歷史時期中，中亞細亞人口超乎尋常地溢出的原因。他認爲所有造成這些遷徙的原因之一，是「這個國家的自然條件發生了明顯變化」。湯瑪

---

14 湯瑪斯・霍爾迪奇爵士的《印度》（*India*），收集在麥金德主編的《世界區域》（*The Regions of the World*）叢書裡，一九〇四年出版，這一年也是這篇論文在英國皇家地理學會宣讀的一年。

斯・霍爾迪奇爵士作爲測定智利和阿根廷之間邊界而設立的仲裁法庭成員之一，在南美度過了一九〇二年的大部分時間。因此，人們很感興趣地注意到他擁有與麥金德相同的觀點——即南美可能是「對繞著俄國南部轉動的內部力量施加壓力的外部力量地帶」的一個可能因素。他認爲南美作爲一個海軍強國的潛在力量是非常巨大的。

後來成爲英國海軍大臣和主管印度事務國務大臣的L. S. 艾默里（Amery）先生，在討論會中作了最長並且肯定是最有啟發性的發言。在一九〇二—一九〇八年期間，艾默里和麥金德兩人都是一個名叫「係數」（Coefficients）的小小的晚餐俱樂部的成員，這個俱樂部的成員在這裡討論當前的社會和政治問題，米爾納（Milner）勳爵和H. G. 威爾斯（Wells）也是這個俱樂部的成員[15]。艾默里先生和其他發言者一樣，批評了麥金德關於俄國是希臘的繼承者的觀點，但人們可以在第五十九頁

15 威爾斯在他所著的《自傳中的實驗》（*Experiment in Autobiography*，一九三四年第七六〇—七六五頁），把艾默里和麥金德描繪成屬於這個俱樂部的兩個比較年輕的帝國主義者。

的註腳中看到，在重新考慮了這件事之後，麥金德仍不改變他的意見。艾默里接著指出，那些居住在草原的人民，雖然數量很小，但經常享有機動性的優點。他舉兩年前於一九〇二年結束的南非戰爭作例子。他說，「整個英國軍隊都為企圖壓制四萬到五萬生活在乾旱草原上的農民而忙得不可開交。」一張麥金德在演講時給大家看的照片，使艾默里先生想起一個布爾人的突擊隊員越過淺灘時的情景。他認為「擁有廣大草原地區的俄羅斯帝國，已經不在古老的草原人民的手中，而是成為眞正的農業世界的一部分，經濟上它已經征服了草原，並且正在把它變成一個偉大的農業工業強國」。他指出：麥金德描寫的馬和駱駝的機動性，大部分已經過時了，現在是鐵路的機動性和海上的機動性的問題。他還預言，這兩方面的機動性都將「由航空作為動力的一種手段來加以補充」，在這種情況下「大量的地理分布必然喪失它的重要性，而成功的列強將是掌握最大工業基礎的那些國家」。他最後作結論說：「在大陸中心還是在島嶼上這個問題並不重要，哪個民族擁有工業的力量、發明的力量、科學的力量，它就能打敗其他所有的民族。」

D. G. 霍格思（Hogarth）先生[16]，牛津馬格達倫學院研究員，後來擔任英國皇家地理學會主席，接著發言。他強調艾默里先生反對麥金德關於希臘－斯拉夫的論點，還問起麥金德是否相信一種靜止的事態正在樞紐地區發展著，並且問他是否認爲廣大的中心地區不再把它的居民分送到各個邊緣國家去。在答辯中，麥金德用直截了當的論斷回答了霍格思和霍爾迪奇提出的問題。他說，在有記載的歷史裡，第一次出現「在草原地帶正在發展著一個數量很大的固定人口——這是（人們必須面對的）世界上的一場革命」。他同意海軍強國的基礎可以在工業富庶的地區建立，而且認爲「西伯利亞和俄國的歐洲蘊藏著巨大的工業財富，征服一些邊緣國家將能爲建立世界帝國所必需的一支艦隊奠定基礎」。他個人的目的不是去「預測這個國家或那個國家的廣闊未來，而是制定一個能適應任何政治平衡的地理公式」。他相信世界的未來取決於維持邊緣地區和膨脹的內部力量之間的力量平衡。克萊門茨．馬卡姆爵士在結束這場討論時說，麥金德

16 霍格思的《近東》（*The Nearer East*），收在麥金德主編的《世界區域》叢書裡，一九〇五年出版。

「透過非常精彩的描述和例證，透過牢牢地掌握著主題，以及透過我們在這個會議室裡很少聽到過能與他匹敵的論據的明確性」來提出他的論文。

十五年之後，在一九一九年，麥金德把他最初的論文擴展成一本叫做《民主的理想和現實》（*Democratic Ideals and Reality*）的書。「樞紐地區」現在寫作「心臟地帶」（heartland）。這個在一九〇四年論文裡出現過三次的術語，只是以「心臟—地帶」（heart-land）的形式偶然提到，而且是在描述的意義上使用的。在那篇論文裡，麥金德用歷史學家的眼光回顧了樞紐地區以往的發展。在這本書中，他更多地把自己當做一名政治家來論述這個心臟地帶，並且謀求把「地理學作爲能對治國和戰略起幫助作用的東西」——這裡用的是約翰·懷南特（John G. Winant）在授予麥金德以查爾斯·戴利（Charles P. Daly）獎章時說的一句話。然而，當麥金德在一九一九年重新審查他的理論時，他認爲：「一九〇四年的論文仍然是足以可信的。」《民主的理想和現實》這本書被恰當地描述爲遞交給凡爾賽和平會議成員們的一本小冊子，因爲它包含以下常被引用的句子：

「當我們的政治家在與被打敗的敵人談話時，一些活潑的小天使必定會時時地向他們這樣竊竊私語：

誰統治東歐，誰就能主宰心臟地帶；

誰統治心臟地帶，誰就能主宰世界島；

誰統治世界島，誰就能主宰全世界。」

但是這本書直到第二次世界大戰以前，並沒有在美國和英國引起很大的注意[17]。一本內容沒有更改的新版本於一九四二年在美國出版，

---

17 《地理雜誌》或《蘇格蘭地理雜誌》似乎都沒有為《民主的理想和現實》一書寫過評論。只是在《地理教師》（*The Geographical Teacher*）上有篇簡短的介紹（一九二〇年第十期第一八一頁）。另一方面，美國 F. J. 蒂加特（Teggart）在《地理評論》（*The Geographical Review*）（一九一九年第八期第二二七—二四二頁）上寫了一篇令人感興趣的評論文章〈地理學作為治國的助手：對麥金德《民主的理想和現實》一書的正確評價〉（Geography as an Aid to Statecraft: An Appreciation of Mackinder's "*Democratic Ideals and Reality*"）。在這篇文章中，他抱怨麥金德關於心臟地帶所作的定義是「很捉摸不定的」。隨後的文章是 G. R. 德賴爾（Dryer）關於〈麥金德的「世界島」和他的美洲「衛

一九四四年一本同樣的版本出現在英國《鵜鶘叢書》裡。一九四三年當時已八十三歲高齡的麥金德，在《外交事務》（*Foreign Affairs*）的一篇文章裡，對他的心臟地帶理論作了某些重要修正，以〈周圍世界與贏得和平〉（The Round World and the Winning of the Peace）爲題重新予以發表[18]。他相信他的關於心臟地帶的觀點比二十或四十年前更加有效和有用，並作出以下論斷：「考慮到所有情況，不可避免的結論是如果蘇聯在這次戰爭中以德國的戰勝者出現，它必然會被列爲地球上最大的陸上強

星」〉（Mackinder's "World Island" and its American "Satellite"）的一篇短文（《地理評論》，一九二〇年第九期第二〇五—二〇七頁），在這篇短文中，作者批評麥金德放過作為一個世界因素的兩個美洲大陸。此外，於一九二二年，W. L. G. 喬爾格（Joerg）把這本書描繪成「地理學觀點對政治問題富有成效的應用」（《地理評論》一九二二年第十二期第四三四頁）。

18 《外交事務》，第二十一期（一九四三年）第五九五—六〇五頁。這篇論文在重印時有幾處稍作修改，作為 **H. W.** 韋格特（Weigert）和 V. 斯蒂文森（Stefansson）的《世界的羅盤：政治地理學的一次討論會》（*Compass of the World: A Symposium of Political Geography*）一書中的一章（第一六一—一七三頁），一九四四年。

國。而且，它還將是處於戰略上最強防禦地位的強國。心臟地帶是地球上最大的自然碉堡。在歷史上它是第一次布置足夠數量和質量的駐軍。」

雖然麥金德的心臟地帶理論在兩次戰爭之間不大受到英語國家的注意，但是在德國卻受到認眞的研究，在那裡它成爲地緣政治學學者的一種基本思想，豪斯霍費爾將軍是他們之中的主要人物。這裡不是詳細討論麥金德著作在德國地緣政治學學派中所起影響的地方，這些影響在漢斯・韋格特博士的〈將軍和地理學家〉（Generals and Geographers, 1941）的文章裡有所描述[19]。然而，人們應當注意到豪斯霍費爾複製了麥金德《力量的自然位置》的地圖，至少有四次刊印在《地緣政治學》（*Zeitschrift für Geopolitik*）的期刊上，與刊印在《地理雜誌》上的一樣精確。此

19 在討論關於豪斯霍費爾和德國地緣政治學問題的許多美國書籍和文章中，下述著作是特別有益的：德溫特・惠特爾西（Derwent Whittlesey）的《德國征服世界的戰略》（*German Strategy of World Conquest*），一九四二年；以及同一作者所寫關於豪斯霍費爾的一章（第三八八—四一一頁），收在 E. M. 厄爾利（Earle）編輯的《現代戰略的制訂者》（*Makers of Modern Strategy*）一書中。

外，豪斯霍費爾不止一次地承認受益於麥金德：如在一九三七年，他把麥金德一九〇四年的論文描述爲「所有地理學世界觀中最偉大的」，並且接著說，他從來沒有「見過任何比這部地緣政治學傑作中這幾頁的內容更偉大的東西了」。一九三九年他引述了麥金德的擔心之處，德國必須與俄國結成聯盟，作爲兩國的力量必須聯合起來的一個論點[20]。他常常重複奧維德（Ovid）的格言：從敵人那裡學習是一種責任。在他對《民主的理想和現實》的評論中，他把麥金德描繪成爲一個「可恨的敵人」[21]。

要誇大麥金德在德國政治上的影響是很容易的，而且在任何情況下我

---

20 在德國以外，人們通常認為：豪斯霍費爾的著作為德國和蘇聯一九三九年八月的條約鋪平了道路。一種新近的觀點，也是在德國所持的觀點，是豪斯霍費爾的政治影響被大大地誇大了。詳見：G. R. 克龍（Crone）的〈地緣政治學的德國觀點〉（A German View of Geopolitics），《地理雜誌》，第一一一期（一九四八）第一〇四—一〇八頁；C. 特羅爾（Troll）的〈一九三三—一九四五年德國的地理學〉（Die Geographische Wissenschaft in Deutchland in den Jahren 1933—45），《地球》（*Erdkunde*），一九四七年第一期第三—四十八頁。

21 《地緣政治學》，第二期（一九二五）第四五四頁。

們都必須記住詹姆斯·費爾格雷夫（James Fairgrieve）的有名著作《地理學和世界列強》（*Geography and World Power*, 1915），在德國也有廣泛的讀者。這本書由豪斯霍費爾的妻子翻譯成德文，在一九二五年出版時附有豪斯霍費爾親自寫的引言[22]。麥金德很自然地會對任何認爲他的理論「幫助納粹軍國主義奠定基礎」的意見感到不快。他於一九四四年在接受美國地理學會授予，並由美國大使在英國皇家地理學會大廈贈送給他的查爾斯·戴利獎章時，所作的發言中提到了這些批評。他說：「我聽到有的謠言說，我鼓勵豪斯霍費爾，豪斯霍費爾啟發漢斯，而漢斯是當希特勒正在口授《我的奮鬥》（*Mein Kampf*）時，向他提出某些地緣政治的思想，據說這些思想是我首創的。這些思想是一個鏈子上的三個環節，但我對第二個和第三個環節一無所知。不管怎麼說，我確確實實從他自己筆下的證據中知道：不管豪斯霍費爾從我的書中引用了些什麼，都是從我四十年前在英國皇家地理學會的一次演講中摘錄下來的，遠遠在有任何納粹政

---

22 J. 費爾格雷夫：《地理學和世界列強》，一九二五年由馬撒·豪斯霍費爾（Martha Haushofer）譯出。

黨問題之前。」（《地理雜誌》，一九四四年一〇三期第一三二頁）

人們過於以不加鑑別的態度接受麥金德關於心臟地帶的觀點可能是事實。C. B. 福西特教授和 H. W. 韋格特博士的兩篇論文重新估價了他的理論，提出它的缺點和價值[23]。麥金德很清楚人們對他在自己各種著作中改變心臟地帶界限的普遍批評。但他於一九四三年爲這種指責替自己辯護說：這個概念在地圖上不可能有精確的定義，因爲它的基礎是自然地理的三個不同方面：低地區，北極和內陸河流的流域盆地，以及草原地帶，這三個區域在空間和時間方面都不是恰好相合的。

---

23 C. B. 福西特：〈舊大陸的邊緣和內陸地帶〉（Fawcett, Marginal and Interior Lands of the Old World），《地理》，第三十二期（一九四七年）第一—十二頁，重印在 H. W. 韋格特、V. 斯蒂文森和 R. E. 哈里森（Harrison）三人合編的《世界的羅盤》一書中，一九四九年，第九十一—一〇三頁。後一本書還包括（第八十一—九十頁）H. W. 韋格特的一篇論文：〈重訪心臟地帶〉（Heartland Revisited）。同時參看 W. G. 伊斯特的〈心臟地帶強大到什麼程度？〉（W. G. East, How Strong is the Heartland?），《外交事務》，第二十六期（一九五〇）第七十八—九十三頁。這是一篇根據當前事態批判麥金德學說的文章，然而伊斯特教授堅持認為麥金德的「地緣政治思想對於爭取和平的任務是適合的」。

曾經有這樣的意見，認爲空中力量的出現破壞了麥金德觀點的確實性。心臟地帶的北極海岸不再像在一九〇四年那樣難以達到。一九〇三年，萊特（Wright）兄弟駕駛他們的飛機在美國上空飛翔。一九〇四年，麥金德說基督教世界掌握了「最廣大的除飛翔以外的活動能力」。在一九一九年和再次在一九四三年，麥金德不管正確或錯誤，又一次引用了空中力量的出現來支持他的舊論點。一九一九年，他預言以陸地爲基礎的空中力量不久就會使地中海在戰時不能航行，因而有利於心臟地帶；而在一九四三年，他把英國的作用稱爲「壕溝機場」的作用。他清楚地看到，對全人類來說，天空的征服賦予世界的統一以一種新的涵義。儘管麥金德的觀點受到許多詳盡的批評，但是，用約翰·懷南特的話說，他是「向我們提供這個世界的全球概念的第一個人」，這個事實始終是存在的（《地理雜誌》，一九四四年一〇三期第一三一頁）。

在一八八七年的演講中，麥金德曾經用地理學的統一作爲一個主題來加以說明，而同時他又表示有必要以地區的綜合研究爲基礎；在一九〇四年，他教導人們說：世界是一個整體，它已經成爲一個聯繫緊密的體系。在另一個場合，他又說：「沒有一個完整的地理區域小於或大於整個地球表面」。這些關於世界和它的區域的思想，是所建立的現代英國地理學學術的基礎；這些基礎是由哈爾福德·麥金德爵士在兩篇論文中奠定的，在這裡予以重印如下。

E. W. 吉爾伯特

地理學的範圍和方法

什麼是地理學？這似乎是向皇家地理學會提出的一個奇怪的問題。儘管如此，但是至少有兩點理由說明這個問題必須予以答覆，而且是現在就得答覆的。首先，地理學家們新近熱衷於堅持這樣的要求：把他們的學科放在學校和大學的全部課程中更受到尊敬的地位。這個領域，特別是教學的領域，用「什麼是地理學？」這個問題作答覆是帶有諷刺口吻的。現在正在進行的教育論戰將取決於對這樣一個問題提出的答覆：能否使地理學變成一個學科，而不僅僅是一批資料和訊息？而對於我們這門科學更加重大的範圍和方法的問題來說，這只是個附加部分。

目前督促你去注意這個問題的另一點理由來自內部。半個世紀以來，若干學會，大多數是我們自己的學會，一直熱衷於促進對這個世界的探險。天然的結果是我們現在正接近於大發現浪潮的尾聲。兩極地區是留在我們地圖上唯一的大塊空白區。另一個史坦利[1]再也沒有本事爲這個快樂的世界發現另一個剛果。在一段時期內，在新幾內亞、非洲、中亞，以及

1 亨利·莫頓·史坦利（Henry Morton Stanley, 1841-1904），英國探險家，殖民主義者。——譯者

沿著冰凍地區的邊緣，還會有許多有益的工作。在一段時間內，另一個格里利[2]可能還會不時地受到古老方式的熱烈歡迎，並且將會證明並不是一個所需要的英雄人物。但是由於冒險的故事越來越少，它們的地位逐漸被詳細的軍械調查所代替，甚至地理學會的成員也會沮喪地問道：「什麼是地理學？」

如果認爲皇家地理學會必須儘快結束它的歷史——一個法人組織的亞歷山大向隅而泣，因爲世界上已經沒有更多的地方可供征服，那麼不用說，這篇論文就不必寫出來了。一些諸如威爾斯先生關於巴西的論文、布坎南（Buchanan）先生關於海洋的論文以及布賴斯先生關於地理學與歷史學關係的論文，都預示著我們未來的工作。然而，不管怎麼說，在指引我們走進新的最適當的位置時，把我們的視野擴展到一定程度是會有很大好處的。在我們的教育論爭中，現在來討論這個問題，有可能使我們獲得新手段的更多的意外利益。

2 阿道費斯．華盛頓．格里利（Adolphus Washington Greely, 1844-1935），美國北極探險家。——譯者

我們必須把注意力轉向的第一個問題是：地理學是一個還是幾個主題？更確切地說，自然地理和政治地理是一項研究的兩個階段，或者它們是用不同方法進行研究的獨立的主題，一個是地質學的附庸，而另一個是歷史學的附庸？皇家地理學會主席最近對這個問題有十分卓越的見解。他在伯明罕的演說中採取了十分明確的立場。他說：

「要調和人們可能認爲是科學的地理學和歷史學混合在一起的看法是很難的。因爲這兩者就像地質學和天文學那樣彼此截然不同。」

我懷著極其不願意和猶豫的心情，大膽提出反對有充分理由受到人們尊敬的權威弗雷德里克·戈德斯米德爵士的意見。我這樣做，僅僅是因爲我深信他在伯明罕採取的立場對地理學的美好前景是毀滅性的。我還進一步注意到弗雷德里克·戈德斯米德爵士的聲明，在更加正確的論據面前，他完全準備放棄他已經作出的結論。在如此困難的討論中，如果我自認爲我的論據是更加正確的，那眞是太放肆了。我提出它們來，只是因爲就我能見到的來說，正在議論的演說中，這些論據並沒有遇到反對也沒有被推翻。弗雷德里克・戈德斯米德爵士可能只是表示了當前大多數人們思想上對這個題目的模糊觀點。很可能是這種情況，因爲在他本人的聲明中，他所引用的論據是支持一種與他自己制定的理論觀點相對立的觀點[3]。

在我們已經引用的那同一頁上，人們可以找到這樣一段內容，它高度讚揚布賴斯先生的〈與歷史學關聯的地理學〉（Geography in Its Relation to History）。布賴斯先生講演的中心思想是：人類基本上是「他的環境的創造物」。政治地理學的職能是探索人類和他的環境之間的相互作用。弗雷德里克・戈德斯米德爵士要求政治地理學能使我們未來的政治家「充分掌握」「各種地理條件」。對於他的這些觀點，到目前爲止還沒發現有人反對。但是他似乎認爲他所說的「充分掌握」，可以在「自然的和科學的」地理學被排除以後，從所遺留的東西中得到。

3 弗里德里克・戈德斯米德爵士對這一段文字寫了一個非常有禮貌的回答。從這一段落中，我認為我並沒有按照他的意圖對他的話隨聲附和。對此我表示遺憾。我仍然把這一段文字留在那裡，因為我相信我的話並不含有去附和這些話的不自然的意思。它們可能很容易被人們引用來反對地理學家，而因為這些話出自一位地理學的老朋友之口就更有分量了。

在進一步探索之前，我們不妨看看是否還能對我們所用的定義進行推敲，使其精益求精。對於探索人類和他的環境相互作用的科學定義，生理學將會作出回答。一般地說，撇開確切的地理位置來探索力量的作用，是生理學、物理學以及化學的職能。探索地理位置的影響，即當地不斷變化的環境的影響，尤其是地理學的特色。做不到這一點，地理學就只不過是自然地理學，基本的地貌要素被省略掉了。因此我建議將地理學解釋爲這樣一門科學：它的主要職能是探索人類在社會中的相互作用，以及在局部發生變化的環境中的相互作用[4]。

人們在考慮相互作用之前，必須對起相互作用的因素進行分析[5]。這

4 從一種相當不同的立場出發的另一種定義，詳見討論開始時我的講話（這是分布的科學，那就是探索地球表面事物一般排列的科學）。

5 另一個因素當然是在社會中的人，對這種情況的分析比對環境的分析要簡短些。按照巴奇霍特（Bagehot）在《自然與政治》（*Physics and Politics*）中的方法來考慮，可能是最理想的。人類的團體應當被看作是為生存而奮鬥的單元，它們或多或少地受到各個環境的幫助。詳見本書第六十四頁「環境」和「團體」的定義。

些因素之一是變化著的環境，而我認爲對這種變化著的環境的分析是自然地理學的職能。於是，我們就被推到與當前看法直接對立的地位。我們認爲，如果政治地理學不是建立在自然地理學的基礎上，並且繼自然地理學之後產生的話，理性的政治地理學就不可能存在。目前，我們正遭受著種種非理性的政治地理學的影響，其中之一是它的主要職能不是去探索因果關係，因而它必然只能是一組提供備忘的孤立數據。這樣的一種地理學永遠不能成爲一種科學，因此也永遠不能受到教師們的重視，而且肯定永遠不能吸引廣大有才智的人，使他們能成爲人類的統治者。

但是人們可能會反駁說——對於政治地理學的目的來說，難道你不能滿足於用比自然地理學所提供的更表面、更容易學到的分析方法嗎？在回答這個問題時，我們採取了最一般的立場。這類分析已經試過，發現它不夠標準。學習科學的深刻分析，在每一點上提高和滿足那些驅使我們不停地提出「爲什麼」這個問題的本能，比從舊教科書的名單上或所謂描述地理學的描述中獲得足夠數量的資料，實際上要容易得多。地貌學（它是刪去「原因是什麼」的地理學），它幾乎受到教師和學生們的一致抵制。

對我們的立場來說，這裡有比教學上的實際方便更重要的原因。我想提出三點。第一是這樣，如果你學習老地理學家稱之爲在因果關係中的「自然特徵」，那麼進步就會越來越容易。新的事實有條理地歸納到總的計畫中去。它們對一切以前得到的知識給予新的解釋，而那種知識轉而又從許多方面對它們加以闡明。然而當描述的方法被採用以後，還有計數的方法，每一個新加上的事實，給記憶的負荷增添不斷增長的負擔。這就像在一大堆礫石上扔上另一塊石頭；這就像在學習數學時不去掌握原則，而去試圖記住許多公式。

我們的第二個理由概述如下。膚淺的分析很可能造成錯誤：一方面沒有摸清楚表面上類似而本質上不相同的事情；另一方面沒有察覺到本質上類似而表面上不相同的事物。

第三個理由是這樣：當人們的思想在人和環境之間的眞實關係方面已經生動地掌握了環境因素時，在它們之間新關係的設想上，很可能是豐富的。即使沒有推進這門科學的計畫，同樣的條件也會導致一個迅速的、鮮明的，因而也是一個持久的對其他科學已經發現的關係的正確評價。

這裡暫停一下來總結我們在一系列主張中的立場將是適時的。

1.我們一致認爲政治地理學的職能是，發現和說明在社會中人類之間和他們在局部發生變化的環境之間存在的關係。

2. 作爲這種情況的前提，有兩種因素必須加以分析。

3. 分析這些因素之一——變化著的環境——是自然地理的作用。

4. 沒有別的科學能充分執行這種職能。

因爲——

沒有其他分析能顯示因果關係中和眞實前景中的種種事實。

因而——

沒有其他的分析會——

第一，成爲一個學科來爲教師服務；

第二，在學生中吸引更高的思想；

第三，節省有限的記憶力；

第四，同樣地值得信任，以及

第五，同樣地富於啟發性。

我們必須料到有這種意見，那就是，即使我們得到所要求的合乎心意的東西，我們仍然是在要求辦不到的事。我們的回答是我們從來就沒有試過。自然地理學常常由那些已經有沉重負擔的地質學承擔著，而政治地理學則被那些已有負擔的歷史學在承擔。我們還會看到那些占據地理學主要位置的人，他必然會以同等的眼光看待與他探究有關的那些科學的歷史學的一些方面。知識歸根到底是一個整體，但是當今的極端專門化卻似乎使某類聰明才智之士無法知道實際。我們越專門化，就會有更多的空間和更多的需要，讓學生們達到他們堅定的目標，找出各個專門學科之間的關係。最大的隔閡來自自然科學與人類研究之間。地理學家的責任是建立一座橋梁，以便跨越那條許多人認爲是正在攪亂我們文化平衡的鴻溝。砍掉地理學的任何一枝樹幹，你就會在它的最重要部分嚴重地傷害了它。

我們這樣說，並不意味著我們無視地理學本身專門化的需要。如果你想在科學上做出獨創性的工作，你就必須專門化。但是對於這個目的，不論是自然的或者是政治的地理學都會像整個學科那樣難以掌握。此外，你的專題也無須屬於這個或那個分科的領域；它可能越過了分科的界限。地理學就像一棵樹，早期分成兩個大樹枝，它的丫枝可能仍是解不開地交織在一起的。你選擇幾枝鄰近的丫枝，但它們可能是從另外的樹枝上長出來的。作爲教育的一門課題，作爲這門課題內一切富有成效的專門化的基礎，我們堅決主張從總體上講授和領會地理學。

這種可能性的問題很自然地引導我們去探究關於地理學和它的鄰近科學的關係。除採用布賴斯先生關於環境的粗略分類方法之外，我們不能有更好的辦法。第一，我們受到地表結構的影響；第二，受到那些屬於氣象學和氣候的影響；第三，一個國家能夠給人類工業提供產品的影響。

那麼，首先是關於地表的結構。我們這裡有一個在地理學家和地質學家之間爭論之點。後者認爲決定岩石圈形態的原因歸他們的學科來研究，對自然地理學家來說，既沒有地盤，也不是必需的。結果造成地理學家在他的材料中只同意包括地質學方面極其微小的成就，因而對他的學科造成損害。所有在座的人都必須充分了解這種對立的情況，除了災難以外，它沒有給地理學帶來任何益處。兩門科學可能有部分一致的數據，在結果上不應有爭吵，因爲數據雖然相同，但對待數據的觀點是不同的。它們是以不同的方式組合的。對地質學家來說，至少不應該露出這種弱點，因爲在他自己的部門中每前進一步，都得依靠他在科學上兄弟般關係的人。古人類學是研究地層的相對年齡的主要學科。但是，不把生物學考慮在內，它就是荒謬的。物理和化學的某些最難解決的問題是礦物學的領域，特別是，例如變質作用的方式和原因。尋找在地質時代和歷史時代方面共同尺度的最理想嘗試，是克羅爾（Croll）博士關於週期性發生的冰期在天文學方面的解釋。這一點就到此爲止。依我看來，地質學和地理學的眞正差別在於：地質學者觀察現在以便解釋過去，而地理學家觀察過去以便解釋現在。這一方法早已由一位最偉大的地質學家爲我們探索過。

阿奇博爾德．蓋基博士在他的《地質學教科書》中，對這個問題提出了如下清楚、易懂的限定意見[6]：

「調查一個國家的地質史要涉及兩種截然不同的研究方法。我們可能首先考慮地表下面岩石的性質和排列，著眼於查明從這些現象記錄下來的關於自然地理、動植物生活連續變化的情況。但是除了岩石的歷史以外，我們還可以盡力考察地表本身，如由岩石變遷形成的山脈和平原、河谷和峽谷、山峰、隘口和湖盆的起源和交替。這兩種研究方法，追溯起來，是互相融合在一起的；但當人們繼續向前追溯到以後的年代，它們就變得越

6 阿奇博爾德．蓋基：《地質學教科書》（Archibald Geikie, *Text-book of Geology*），一八八二年，第九一〇頁。（阿．蓋基，一八三五—一九二四，蘇格蘭地質學家，曾在愛丁堡大學任教。——譯者）

來越有區別。這是非常明顯的，例如，一大片海洋石灰岩隆起成爲群山，經過河流峽谷的挖掘以及河谷的橫切，在人的心目中呈現兩種截然不同的畫面。從它的起源這一邊看，在我們面前的岩石是一片海底景色，在海底上面沉積著大量歷代海洋鈣質動物的遺跡。我們或許能夠考察每一個海床，精確地標明它的有機物，並且確定動物學的演替，那些疊加的海底便是這些演替的紀錄。但是我們可能很難解釋這些在海裡形成的石灰岩是如何會像現在一樣矗立在那裡的，這邊上升成山，那邊下沉成谷。岩石和岩石中的種種物質成爲一項研究的主題，它們現在景象的歷史則又是另一個主題。」

莫斯利（Moseley）教授在他關於〈地理教學的科學方面〉（The Scientific Aspects of Geographical Education）的演說中支持這同一個概念。我們從同一文集的許多其他講稿中援引以下段落[7]。

「把自然地理學看作從地質學裡分出來的一部分——這種派生之所以

7 《皇家地理學會教育報告集》（*R. G. S. Educational Reports*），一八八六年，第二三八頁，莫斯利教授。

應予實施的理由是：有一門這樣形成並爲了特別對待而集結在一起的學科，它對總的教育目的來說，要比地質學本身更需要和合適。這門學科將會吸引更多的學生並會起到槓桿作用，來促進對作爲特殊研究的科學項目中其他分科的研究，並且肯定會促進對地質學本身的研究。

「人們經常提出反對在大學設立自然地理學教授職位的主要論點是：這門學科早已包括在地質學教授的課程內，不過蓋基教授顯然不是這樣看的，在他的一封前已提到的信中指出：『地質學的領域範圍每天都在不斷擴大，而它就是對最勤奮的教師的能力來說，也已是過分的寬闊了。』」

在文章的這一段落裡，莫斯利教授提倡爲自然地理學設立一個教授席位。我們決不能從這一點就斷定他反對地理學的統一性。因爲在他講稿的其他部分裡，這一點是講得很清楚的。

「不管怎麼說，雖然目前也許還不可能保證把地理學作爲一個整體的提議，因爲它的界限顯然很模糊，容易招致四面八方的抨擊，可是如果我們堅持自然地理學的主張，或許會有成功的機會。」

再說，「自然地理學作爲特別適應綜合學習目的的一門學科，作爲一種能獲得稱爲政治地理學知識的唯一眞正的基礎，難道不應該讓它成爲文科教育的一部分嗎？」

對於否定地理學統一性的理論給地理學造成的損害來說，可能沒有其他例子能比自然地理學的例子更顯而易見的了。這個學科已經聽任地質學家的擺布，以致造成地質學方面的偏見。諸如火山、溫泉、冰川等現象都彙集在各章裡，而不顧它們發生的所在地區。從地質學家的觀點看，這就足夠了——他一直在看著他的羅塞達碑[8]，弄明白個別難讀難懂的文字和符號是非常重要的；但整個段落的意義，即記載著事件的敘述（可供解釋其他史料之用）則是不重要的。但是這樣的科學不是眞正的自然地理學，阿奇博爾德·蓋基博士在他的《自然地理學的要素》（*Elements of Physical Geography*）[9]中明白地告訴我們，他是在把這些詞作爲地文學的等同語來加以使用的。眞正自然地理學的目標在於爲我們作出一個關於

---

8 羅塞達碑（Rosetta stone），一七九九年在尼羅河口的羅塞達城郊發現的埃及古碑，上刻埃及象形文、俗體文和希臘文三種文字。該碑的發現為譯解古埃及象形文字提供了線索。——譯者

9 一八八四年的新版本，第三頁。

地球表面特徵分布的因果描述。材料必須重新集中在地形學的基礎上。如果我冒昧地有點突然把問題提出來——關於某個特定的特徵，地文學問道：「這是爲什麼？」而地貌學問的是「那是什麼地方？」自然地理學問的是「爲什麼在那兒？」政治地理學問的是「在社會上，它是如何作用於人類，以及人類對它是如何反應的？」地質學問的是「它幫助解決了過去的什麼疑難問題？」對於地質學家和地理學家來說，地文學是共同的基礎。前面四個問題是地理學家的領域。問題接二連三地出現。你可能在其中的隨便一個問題上突然停住，但按我的看法是，你不能圓滿地回答後一個問題，除非你已經回答在它前面的那些問題。按照地質學的嚴格意義來看，地質學本身無須進入這個持續的爭論。

我們將會爲地理學的目的，舉出兩個例子來說明當今（地質的）自然地理學的不足之處，甚至當我們把它當做地文學時也是如此。

首先是對於諸如火山和冰川等這類課題給以過分突出的地位。對於這一點，我的注意力有幾次被你們的助理幹事貝茨先生吸引過去。在地質學家所寫的書裡，這種情況是十分自然的。火山和冰川都是在它們發生以後留下來的最明顯、最有特徵的痕跡的現象。因此，從一個地質學家的觀點來看，它們是非常重要的，而且很值得予以特別研究。但其結果卻類似一本由古生物學家所寫的生物學著作。例如，我們可以在其中找到關於蝸牛殼極其詳細的敘述，但是相對地說，它卻忽視了裡面更加重要的軟體部分。

另一個是一個實際的例子，對所有善於思考的旅行者來說，它必定會產生感受。假定你沿著萊茵河上游作一次旅行，如果你不問你自己諸如下列的問題，那麼，你準是一個絲毫沒有好奇心的人。這些問題是：爲什麼在經過萊茵河蜿蜒流過的高度幾乎和它周圍相等的好幾英里的平坦地區之後，我們會突然來到河流穿過一個峽谷的一段河道呢？當我們到達賓根時，爲什麼峽谷突然不再向前延伸，而成爲由平行山脈圍成的一個湖形山谷？我沒有見過有什麼普通的自然地理學能恰當地回答這類問題。如果碰巧你擁有這個題目的專門的知識，你便會知道，如果你仔細查一下《地質學會學報》（*Journal of the Geological Society*）[10]，你就會看到安德魯·拉姆齊（Andrew Ramsay）爵士所寫的一篇關於這個題目的有趣文

10 一八七四年這一期。

章。但這意味著你要花時間，有機會在原始根據中間進行學術研究工作，即使如此，你的收穫也將是很微薄的。因爲只有一些孤立地區才是這樣處理的。

我願以建設性的嘗試來結束講題的這一部分。我將選擇一個大家全都熟悉的地區，以便你們的注意力可以集中在方法上而不是在事情上，讓我舉英格蘭的東南部爲例。處理這樣一個地區的地理的方法，通常是用一種自然的觀點，首先從海岸，然後從地表進行描述。沿著海岸的海角和小海灣以及地表上的群山和河谷，分別按次序列舉。然後有一張政治區劃一覽表；進而再有一張主要城市一覽表，並說明它們坐落在哪條河流的岸邊。在有些情況下，可以添上幾點有意思而只是孤立的事實，作爲提出一些名目的聰明藉口。在這類著作的政治部分，再佳妙也超不過一套健全的記憶法。至於自然部分，我的看法是所有的教科書一概犯有一個基本錯誤。它們把海岸和地表的描述割裂開來。這對於正確如實地表示因果方面的連鎖關係非常不利。地表的起伏與海岸的彎曲，同樣是兩種力量、岩層的不同抗蝕力，以及大氣和海洋的不同侵蝕力相互作用的結果。這種侵蝕力，不管它是表面的還是邊緣的，對岩石的形態同樣都起作用。爲什麼那裡會有一個弗蘭伯勒岬角？[11]爲什麼那裡會有一個約克郡丘陵地？它們只是同一個向上傾斜的白堊層地塊邊緣上的兩個尖端而已。

讓我們試著建立能顯示一系列連續不斷因果關係的英國東南部的地理學。讓我們設想將一大片白堊層，像一塊白桌布覆蓋著桌子那樣鋪蓋著大地。讓這一片白堊層有幾處出現天然的褶皺，就像一塊桌布由一雙粗心的手鋪著那樣。一條溝[12]從肯尼特往下到達雷丁，然後沿著泰晤士河出海。一條山脊往東，穿過索爾茲伯里平原，下到韋爾德林區的中心地帶。第二條溝沿著弗羅姆河谷和它的海底綿延地帶——索倫特（Solent）和斯皮特黑德（Spithead）向前伸展。最後，還有第二條山脊穿過普爾貝克（Purbeck）島和現在已與它脫離的懷特島。設想這些山脈和溝沒有

---

11 弗蘭伯勒岬角（Flamborough Head），英國東北部的岬角，位於約克郡的海岸線上，岬上有若干洞穴，還有一座燈塔，岬高約一百三十米。——譯者

12 這裡溝（furrow）和山脊（ridge）是用來表示向斜和背斜的意思。我們必須注意把它們與河谷和丘陵區別開來。正如我在這篇論文中所指出的那樣，這兩者常常是互為因果的，但它們絕不是等同的。

受到侵蝕作用。地層的曲線就會與地表的曲線平行。山脈將是頂部平坦、寬闊。溝將是底部平坦、寬闊。隨著肯尼特－泰晤士溝向東延伸，就會出現溝身越來越寬闊的特徵。連接溝底到脊頂的山坡的陡峭程度將會變化。人們不能假裝說陸地從來沒有出現過這種畫面。隆起和侵蝕作用經常是同時發生的。就像議會大廈那樣，在大廈完工之前，毀壞的過程就開始了。排除侵蝕只是顯示岩石簡單排列的一項權宜之計，坍陷所造成的明顯紊亂掩蓋著這種簡單的排列。還有一點事實，那就是堅硬的白堊層上、下部都填充著柔軟的黏土層，我們已經利用地質學的知識描繪出我們所需要的圖景。

模型業已完成，現在需要使用鑿子。空氣和海洋的力量把我們的布塊撕得粉碎。可是桌上褶皺的布就像上了漿的布那樣僵硬，我們所描述的溝和山脊並沒有塌落。它們毀壞了的邊緣和頂端部分像山脈和海角那樣直挺挺地凸出。埋在上層黏土下面的溝底，沿著倫敦和漢普郡盆地形成一條條河谷。大海侵呑著柔軟的黏土，形成了泰晤士河口的大海灣和比較狹窄但更加錯綜複雜的海溝。這些海溝從普爾港經過索倫特一直延伸到斯皮特黑德，又分成多支伸入南安普敦水域和樸資茅斯、朗斯頓和奇徹斯特各海港。白堊層向上扭曲的邊緣產生一條很長的山脈，有著各種名稱：伯克夏唐斯（Berkshire Downs）、奇爾特恩丘陵和戈格馬戈格（Gogmagog）丘陵，以及東盎格魯高地。這條山脈的西北方鄰接著肯尼特—泰晤士盆地。南唐斯（South Downs）丘陵和北唐斯（North Downs）丘陵相對而立，出現一個背斜，其基石已被搬移。就是這個背斜結構形成了索爾茲伯里平原，並且向東延伸到漢普郡的白堊高地；但是，在這裡基石雖然受到破壞，卻並沒有完全磨蝕。比奇角（Beachy Head）和南福蘭茲（South Forelands）、北福蘭茲（North Forelands）只不過是唐（Down）山脈向大海方向突出的部分。北唐斯丘陵的盡頭並不像比奇角那樣是一個孤獨的海角，而是一條長懸崖，它的兩頭就是南、北福蘭茲，這一事實可能使人們注意到常常出現在地面坡度和地層斜度之間的關係。我們前面提到過：如果我們的結構單一的山脊與溝的系統眞的得到公認的話，那麼連接脊頂和溝底的斜坡在陡峭程度上將會是參差不齊的。如果我們記住在「恢復」的廢墟上的一座丘陵的位置，我們就會不光記住它的走向，還會記住它兩邊地形的相對陡峭程度。一邊是由傾斜的地層所造成的，另一邊則是地層被截斷的懸崖。關於地層的斜度，這將取決於當我們爬上懸崖時，在我們面前看到的是急劇的傾斜還是起伏的高地。在這方面，可以把形成東英吉利和肯特廣大地區的兩個白堊高地，與奇爾特恩和霍格巴克（Hog's Back）這兩個狹窄山脊對比一下。奇爾特恩西北方的懸崖延續到東英吉利西部的崖壁，奇爾特恩東南方的斜坡與形成諾福克寬闊高地的斜坡相連接。在奇爾特恩這邊，斜坡是陡峭的；而在諾福克方面是平緩的。肯特的高地同樣也是霍格巴克的延伸部分。霍格巴克南部的崖壁變化不大，然而北面斜坡都是陡峭的，雖然它在肯特的延續部分只有很輕微的傾斜。正像我們即將看到的那樣，這一丘陵的末端擴展，在英國歷史上曾經起過重要作用。這種擴展可以被認爲是肯特－泰晤士盆地向東變寬所造成的。人們會注意到泰晤士河河口灣的兩岸，整個地勢與標誌盆地邊緣的丘陵平行：北岸與洪斯坦頓波因特（Hunstanton Point）丘陵到奇爾特恩丘陵形成的弧線平行；南岸則與北唐斯丘陵更直一些的丘陵平行。

這個地區的河流天然地分成三類。第一類屬於那些沿著東英吉利斜坡往下流的河流。結果是它們成了許許多多的河流，並且大致是平行的。它們並不匯成一條大河，在地圖上呈現樹枝狀。第二，那些沿著大溝往下流的河流，一方面是在雷丁以下的肯尼特河和泰晤士河；弗羅姆河和由索倫特河、斯皮特黑特河形成的海底延伸部分是另一方面。泰晤士河的許多支流是顯而易見的。但是弗羅姆河樹枝狀的特點卻不是很明顯的，除非把它的海底延續部分也計算在內。那樣，弗羅姆河、斯圖爾河（Stour）、阿馮河、特斯特河（Test）、伊欽河、麥迪納河就會匯合成一條大河，河口在懷特島的東面。這樣的一條河實際上很可能是存在的。最後，還有一些河流經過峽谷直接流過白堊丘陵，如雷丁以上的泰晤士河和韋爾德森林帶的各種各樣的小河。這種情況是難以理解的，除非我們假定地層的背斜結構原來就是完整的。這樣，這些河流會根據普通的靜水壓力原理，沿著山脊平坦的坡面往下流。除了岩石彎曲以外，這一地區唯一需要作特殊解釋的突出特徵，便是形成鄧傑內斯（Dungeness）鋪滿圓卵石的河灘[13]。

這是對地面進行的一般剖析。地面對人類已經發生了什麼樣的影響？森林和沼澤帶中間三個廣闊的高地在早年占有突出的地位，人們可以在它們巨大的空地上採取對付自然界最省力的方式來建立家園。在凱爾特人的

13 在這篇草稿裡，我省略了利思丘陵和蘇塞克斯的福里斯特山脈的說明。它們也同樣要取決於岩石的彎曲，但是要說明它們的原因就得占據文章中很大篇幅，而本文僅僅旨在表明方法，而不是對專題作詳盡無遺的論述。

語言中，這些高地被稱作「奎恩特」（Gwent），這個名稱又被拉丁征服者訛成「文蒂」（Ventae）。這些都是我們熟悉的白堊高地：索爾茲伯里平原和漢普郡的背斜頂，以及東英吉利和肯特的白堊丘陵末端的延伸部分。在東英吉利有文塔伊森諾龍（Venta Icenorum）；在肯特和坎特伯里，我們又遇到另一個「奎恩特」的遺跡[14]。溫徹斯特（Winchester）[15]的第一個音節完成了三連音符。以後（仍然在早年），它們是構成日爾曼族主體的三個種族的最初安樂窩。盎格魯人定居在諾福克和薩福克，朱特人住在肯特，撒克遜人住在漢普郡。在更往後的英格蘭境內，溫徹斯特、坎特伯里和諾里奇都屬於中世紀的主要城市行列。今天，這些地區中至少有兩個，在標誌其居民的特徵上留下孤立狀態的痕跡。沼澤地帶把諾福

14 J. R. 格林（Green）也會持這種看法的。見《英國的創建》（*Making of England*, 1882）第九頁。但是伊薩克．泰勒（Issac Taylor）認為 Kent 一詞來源於 Cenn，是西姆里人（Cymry）Pen（頭，突出部分）一詞的加爾德語（Gadhelic）形式。見《名詞和地名》（*Words and Places*, 1885）第一四八頁。

15 即 Venta Belgarum。

克與外界隔絕，韋爾德森林帶圍繞著肯特。這兩個地區的人民在英國歷史上占有特殊的地位，「諾福克人」和「肯特人」一向有一種明顯的反抗的氣質。

在東部和南部有四個大城市，我們已經提到過三個。第四個大城市是倫敦。地理條件決定它要成爲宏偉的大城市，地圖將會立刻清楚地表明這一點。沼澤和森林地帶迫使以諾福克和肯特爲一方，和以英格蘭其他地區爲另一方的道路穿過倫敦這一總的方向。肯特離歐洲大陸最近，因而華特林大街不僅是肯特的道路，也是通到佛蘭德的道路。在丘陵把泰晤士沼澤迫束得最狹窄的地方，就是華特林大街的天然通道；先是一渡口，後來是一座橋。這個地點位於塔山（Tower Hill）與德爾維奇（Dulwich）和錫德納姆兩個高地之間。伯蒙德賽，即伯蒙特小島，是一個乾燥地點，像是從四周沼澤地中凸起的一塊踏腳石。緊靠深水兩岸的堅硬地基，作爲修建橋梁或渡口的「起點」是必需的，對於建造一個碼頭也是必需的。於是以後在這裡就成爲一個好多條天然道路的交叉點，它是兩岸的天然歇腳地，因而也是一個城市肯定會崛起的地點。如果這座城市一方面通陸路、另一方面又通水路的話，就更顯出它的重要性，因爲它將成爲一個客、貨轉運的地方。如果這個城市是河流和海洋交通的必需交會點，地位就更加顯得重要了。泰晤士河河口與斯凱爾特河河口對應的位置，甚至包含著更重要的意義，它決定了互相聯繫著的倫敦與安特衛普兩個大城市的成長，也決定了英國大部分的大陸政策。因此，許多原因就是這樣地合力維持倫敦的偉大。這是一件要注意的事實，它是倫敦從古到今不斷發展的祕密。一個特定地理特徵的重要性隨著人類文明的程度而發生變化，依靠某一有利自然條件的城市可能在任何時候衰落下來。某一項簡單的機械的發現也可能影響這種變化[16]。

關於城市問題就談到這裡。最後談談政治區劃問題。有兩種政治區劃：天然的和專斷的。法國劃分爲省的老區劃和劃分爲縣的革命區劃所顯示的對比，可以用來表示兩者的區別。一種是不自覺的過程的結果，例如幾個較小的邦合併成一個較大的邦；另一種是自覺的立法的產物。在英國，這兩種區劃是並存的。英格蘭中部有專斷的區劃，它們的郡區以首府

---

16 我在這裡解釋倫敦的「偉大」時，並沒有指出塔山具有充分的重要性。這個「山丘」或山堡無疑決定了倫敦現在的這個位置，但是上文提到的其他原因決定了它的偉大。

的名稱命名，這可能起源於對麥西亞的劃分[17][18]。另一方面，在東部和南部的這些郡是自然合併的，有著表示它們不同起源的名稱。在專斷區劃的情況下，邊界很可能也是專斷的；天然區劃的邊界通常是天然的，而且可能有兩種。移民從一個中心擴散出去，直到他們遇到天然的障礙或者其他離心聚落的反對才會停止。在我們研究的區域中，我們看到後一情況的一些很好實例。薩里、肯特和蘇塞克斯的居民總是願意在白堊丘陵和白堊高地上建立家園，然後緩慢地進入森林帶，直到他們各自的先遣隊在中心點相遇爲止。這些郡的邊界線，恰恰是在這種環境下我們應當預料的那種狀況。我們可以把劃分薩里和蘇塞克斯（爲一方）與伯克郡和漢普郡（爲另一方）的邊界看作這種情況。它穿過一片大部分位於巴格肖特沙地上的公共區域。除非較好的土地已經人滿，這種不毛之地是不值得占領的。我們

---

17 請考慮 **J. R.** 格林的《英格蘭的征服》（*Conquest of England*, 1883）第一四一頁的注，但注意與伊薩克·泰勒的《名詞和地名》（一八八五）第一七九頁的說法比較。

18 麥西亞（Mercia），英國歷史上盎格魯—撒克遜人在英格蘭建立的王國之一，領土介於威爾士、亨伯（Hamber）河、東英吉利和泰晤士河之間。——譯者

再以沼澤地帶爲例，有五個郡的郡境呈舌狀伸入這一地區。

時間不允許我們進一步討論這個專題。主要的結果就是這些。那些決定了英格蘭東南部主要城市和政區的位置、數量及重要性的兩個大海角、兩個大海灣和三個大片林區空曠高地的成因，可以用白堊的褶皺及其與上下岩層相比較的硬度來說明。同樣的推理過程可以繼續應用於任何需要的詳細程度。任何其他區域的地理，都可以用類似的方法去研究。進一步說，一旦掌握了少數簡明的有關地質的觀念以後，就能用幾句話來表達有關某個地區的一個生動、準確的概念。掌握第一次應用的方法也許比掌握舊的方法需要更大的努力，它的妙處在於每一個新的征服都爲獲得成果不斷鋪平道路。

讓我們以建議的方式總結我們有關地質學與地理學關係的幾點成果：

1. 認識岩石圈的形態是必不可少的；
2. 只有掌握決定其形成的原因才能正確地、清楚地記住它；
3. 這些原因之一是岩石的相對硬度和排列；
4. 但是只有與地理學的論據有關係的地質學資料或推論，才能夠接受，它必須有助於回答「爲什麼那裡會有這種特定特徵」這個問題。

布賴斯先生的其餘兩類環境因素，只需略加評論就可以了。氣象學和地理學之間的區別必然是一個實踐的問題。氣象學的內容這麼多，它充分地論述了天氣；天氣預報不是地理學家所需要的。只有平均的和週期性出現的氣候條件才在地理學家的知識範圍之內。即使在這裡，地理學家也必須常常滿足於採用氣象學的成果作爲資料，正如氣象學本身接受物理學的成果一樣。地理學包含的內容太多，特別是德國人的著作，這是一個錯誤。地理學涉及許多學科，但它並不整體地包括這些學科。甚至連偉大的佩歇爾（Peschel）也在他的《自然地球學》（*Physische Erdkunde*）一書中，包括了關於氣壓計的討論和校正氣壓計所需的公式的論證[19]。這種離題話是地理學家常被一再指責爲僅僅了解所有科學的一點皮毛的原因。我們的論點是地理學有獨立的工作領域，它的材料可能與別的科學的材料重合，但地理學的職能是指出這些材料之間某種新的關係。地理學必須是一種連續的論證，某一論點是否包括進去的檢驗標準是：它與論證的主線有關嗎？從論證的觀點看，引用的材料允許離題多遠當然是一個實踐的問

19 見該書（第二版）卷二第一一八—一二七頁。

題。一般說來，如果任何其他科學能夠證實它們的話，它們就不應當包括進去。

布賴斯先生的最後一類是區域的生產。礦藏的分布對於岩石結構來說顯然是偶然性的。我們需要提到它，只是爲了向先前已經在錘擊的釘子上再敲一下。至於動物和植物的分布問題，我們必須應用在上一段裡已經提到的檢驗標準——它和地理學論證的主線關係有多深？我們所談到的這些動物和植物，在人類環境中形成多少值得重視的因素，它們的分布就有多少重要的關係；情況是由於這種分布給地理條件的變化提供了證明，如證明島嶼與大陸的分離或一條雪線的退縮，因而也是有關的。但是詳細研究動物和植物的分布，並將其作爲理解這些生物進化的一種手段，就絕不是地理學的組成部分。它是動物學和植物學的組成部分。爲了對它們本身進行研究，學習一點地理學是必需的。

實際情況是所有科學的界限，必然是天然地折中的。正如我們以前說過的，知識是統一的整體，它的分化成各個學科是對人類軟弱的一種讓步。作爲這一點最有力的例子，我們將研究一下地理與歷史的關係。這兩門學科在其開初階段顯然必定是攜手並進的，在達到較高階段以後就各奔前程了。歷史學家的全部工作是對原始文獻作鑑別的和比較的研究。他既沒有時間，通常也沒有心情爲了選擇他所需要的事實和觀念而去自己探索一門科學。爲他們去做到這一點的是地理學家的職責；另一方面，地理學家也必須研究歷史以便證實他所提出的關係。最後總是被推論出來的那些統治著這類關係的法則本身，會使人們有可能寫出大部分的「史前」史著作。約翰·理查·格林的《英國的創建》一書的大部分內容，是從地理條件中推論出來的歷史過程。

現在剩下來的問題是，我應當開始談談什麼是我所設想的地理學論據的主線。我分成兩個階段來談。首先是一般性的，諸如可以從大學課程的教學大綱或從教科書首頁目錄上獲得的那些論據。其次是把這些論據專門用於解決一個特定的問題——例如德里和加爾各答爲什麼應當分別成爲印度舊都和新都的理由。

我們設想先有一點地文學知識。於是我們就將從一個沒有陸地的地球這一觀念出發，並且建立起一個關於類似力學的地球概念。首先，牛頓的定律是在絕對嚴格的假設基礎上，以理想化的簡明方式表示的。直到這些定律牢牢地記在頭腦中以後，我們才會把彈性和摩擦力抵消的趨向提出來。我們也將這樣動手研究地理。想像一下，在沒有陸地的情況下，我們的地球是由三個同心的球體——大氣圈、水圈和岩石圈組成的。兩種巨大的世界性力量將發生作用——太陽的熱量和地球的自轉。顯然信風體系的勢力將不受任何阻礙。其次，會出現第三種世界性力量——地軸對於軌道面的傾斜和地球繞太陽的旋轉，結果是把信風隔開的無風帶在回歸線之間產生年變程。第四種，也是最後一種我們稱作世界性的動因，是在地球軌道的橢圓率和地軸偏斜的長期變化，這會導致信風體系的年變程及其強度的類似變化。

到此爲止，我們就談經度的變化。如果緯度、高度、年內的季節、長期內的年份是已知的，氣候狀況就可以從非常有限的資料中推論出來。現在我們撇開最初的假設，以地球目前的狀態設想：它被加熱，正在冷卻，在收縮，在起皺紋。它過去被加熱，現在正在冷卻，所以目前正在收縮，結果外層較冷的地殼發生皺紋。岩石圈與大氣圈、水圈就不再同心了。海床被拋入海脊和海溝。海脊突起伸入水圈，並穿過水圈進入大氣圈。它們成爲世界流體的道路上的障礙物。它們好比在水流湍急的河床中的石塊，水流撞擊它們，並被迫而改變自己的方向；水流或者跳過它們，或者在它們上面裂開。這種純機械的作用，從南赤道漂流在聖羅克角（Cape San Roque）的分叉看得很清楚。聖羅克角對英格蘭的氣候有特殊的影響。在風上升而越過山鏈時，「跳過去」的行徑是明顯可見的，其結果是水汽覆蓋著各個山坡。但是除掉這種機械作用以外，還有主要由陸地和水體的不同比熱所引起的熱力原因的變化——這樣就形成了季風。巨大皺紋的位置，具有特殊的意義。假若大陸不是以三大條帶跨過赤道而是東西延伸的話，氣候就能大致地用緯度來指明了。

我們可以按照同一方式對地表進行分析。如果設想這是沒有陸地的地球，你就會看到大氣環流和水循環的原動力。如果把你的概念換成一個起皺紋的地球，你就會理解由於機械的障礙和熱量的參差不一，如何使你的簡單水流和氣流分化成幾乎是無限的，但仍然有秩序的複合體。

但是，我們還必須再前進一步。岩石圈的形態並不是固定的，收縮仍然在進行，舊的皺紋被抬升了，新的皺紋又產生出來。當它們隆起的時候，它們的毀滅也開始了。水流和氣流始終在進行移開那些阻擋它們道路的障礙物的工作。它們企圖達到理想的環流簡單化。因此，地球表面的面貌是經常地變化的。它們的確切形態，決定於它們過去的歷史以及目前的狀況。它最近的各種變化，是地理學最具魅力的篇章中的一個課題。岩屑沉積建造了平原，大陸使島嶼誕生。證據來自許多方面——鳥類的遷移路線、動物的分布，或者鄰近海域的深度。

每一個後繼的篇章都以前一篇章爲出發點，論據的連續性沒有間斷。從障礙物的位置和風吹經的道路，可以推論出雨量的分布。有了皺坡（wrinkle-slope）的形態和分布，以及降雨的分布，水系也就得到了解釋。土壤的分布主要是由岩石的結構決定的，隨著對土壤和氣候的考察，也就把地球分成以植被爲基礎的各個自然區。這裡，我並不是指植物種屬的分布，而是指可以稱作地球的植被那些概括性的類型——極地和熱帶的荒漠、溫帶和熱帶的森林，以及可以組合成草原的地區。

現在讓我們再深入一步進行考察。這裡最好使用兩個術語。「一種環境」是一個自然區；自然區的面積越小，全區內同一性或近似同一性的條件的數量就越大。因此，我們有著不同等級的環境，它們的外延和內涵，借用邏輯學的名詞來說，呈相反的變化。我們再談團體（community）；「一個團體」是有著某些共同特徵的一群人。團體越小，共同特徵的數量就越大。團體有不同的等級——種族、國家、省、城鎮，最後兩個詞的涵義是指人們的法人組合。使用這兩個術語，就能精確地進行像揭示兩個團體對一種環境和一個團體對兩種環境的影響這類討論，例如，在不列顛、美國、澳大利亞三個環境中的地理條件是怎樣使英格蘭人分化的？

任何地方的政治問題，都將以對自然特徵考察的結果而定；對於人口稠密的集團，需要一定的氣候和土壤條件。一定的人口密度，對於文明的發展似乎是必需的。新大陸中祕魯和墨西哥的古代高地文明與舊大陸中埃及和巴比倫的古代低地文明的差別這些問題，就可以按照這些原理來討論。其次，相對地未經擾動的地層通常構成廣闊平原的基礎，而廣闊的平原似乎特別有利於均一種族（如俄國人和中國人）的發展。還有，動物、植物和礦產的分布，對決定當地文明的特徵大有影響。讓我們從這方面考慮一下舊大陸、新大陸和澳大利亞的一系列關於穀物、馱獸的比較財富的問題。

研究人對自然的反作用，將是地理學中最迷人的篇章之一。人類改變他們的環境，結果是環境對人類後代的作用發生變化。自然特徵的相對重要性，按照知識和物質文明的狀況而在各個時代不斷地變化。人工照明條件的改進，已經使聖彼得堡的一個巨大社會有可能生存下去；通向印度的好望角航線和新大陸的發現，導致威尼斯城的衰落。蒸汽機和電報的發明，使現代的國家有可能擁有巨大面積。我們可以舉出大量這類的例子，我們可以把它們分組歸類，但我們現在的目的只是指出這一課題的可能性。然而，有一件事必須牢記心頭。一個特定時刻的歷史進程，不論是政治、社會或人類活動的其他方面的，不僅是環境，而且也是以前所取得的動量的產物。必須承認人主要是習慣的奴隸這一事實，例如英國人在許多異常事物成爲有某種程度毒害的東西以前，總是對它們容忍的。我們必須牢記這種傾向在地理學中的影響。就米爾福德港（Milford Haven）目前的情況說，在對美國的貿易上，它的自然條件遠比利物浦優越，可是後者不管怎樣，在最近的將來不可能讓位於米爾福德港。這是一個**慣性力**的例子。

我們現在打算討論我們答應過的專門實例。我們將從頭談起。我們從太陽的熱量和地球的自轉來說明信風系。我們從那種熱量對巨大亞洲的影響來推論信風系的季風變化。在季風區內，集中了亞洲八億人口中的七億人左右。喜馬拉雅山脈的延伸方向與西南季風斜交的結果，是印度洋的水汽彌漫了它的南坡。這樣，山鏈方向的頭等重要意義就顯示出來了。雨水從山脈上把岩屑沖刷下來，並在山前形成肥沃平原。因此，沿著喜馬拉雅山南麓，有一條擁有維持大量人口所需的氣候和土壤條件的地帶。實際上，我們發現整個半島[20]的五分之二人口集中在孟加拉、西北和旁遮普等省；雖然這三個省只占半島總面積的六分之一稍強。再有季風包含的豐富水汽與喜馬拉雅山的高度（它是較新的皺紋的產物）結合起來，在雪線以上形成豐富的冰川系統，其後果之一是平原上的河流全年有水，航道暢通，這就具備了發展文明的兩個有利條件：人口稠密和交通方便。

一個富庶的文明社會是對征服者有誘惑力的地區。現代的征服者包括兩種人——「陸狼」（land-wolf）和「海狼」（sea-wolf）。他們是怎樣分別進入位於恆河河谷的掠獲地的？請首先考慮一下印度的向陸一方邊境。在東北部，喜馬拉雅山脈對於一支軍隊實際上是無法通過的[21]。西北部是蘇萊曼山脈，貫穿著許多山口。從以蘇萊曼山脈爲邊界城垣的伊朗高原上，捲來了一次又一次的征服者的浪潮。但是在山脈界線以內，卻是

---

20 指印度半島。——譯者

21 歷史文獻的記載中只有一個例外：一支中國軍隊一度成功地到達尼泊爾。

一個有效得多的障礙——塔爾沙漠（或印度大沙漠）及其延伸部分，即卡恰（Katch）的蘭恩沙漠。這道壁壘從海邊開始幾乎直到喜馬拉雅山脈，與蘇萊曼山脈平行伸展。在塔爾沙漠與喜馬拉雅山麓之間，肥沃帶最爲狹窄。不管是誰要想進入恆河河谷，都必須穿過這道大門。亞歷山大曾經前進到它的入口處。當時他改變方向，向右沿著印度河進軍，使印度得以倖免。緊鄰這條通道的東端是德里城，它矗立在朱木拿河—恆河航運的起點，是陸路和水路的客、貨轉運地，因此德里是一個天然的商業中心。它也是亞洲的征服者天然的行動基地，左側傍山，右側毗連沙漠，後方的交通線安全可靠。這個地區的重要戰略地位沒有逃過英國人的眼睛。這裡還有印度的夏都西姆拉。此地也是軍營最密布的地區，並有許多戰場。關於德里就談這些。現在談加爾各答。從海上到印度特別困難，巨大的拍岸浪拍打著它的東海岸，我們不得不耗費鉅資在馬德拉斯建設一個海港；西海岸固然有許多良港，但在它後面有西高止山脈的陡坡隆起。季風帶來的傾盆大雨，使山坡上覆蓋著茂密的森林，到現在還是世界上一些最野蠻的種族的居住場所。在孟買背後，現在鐵路已經穿過山脈；但直至不久以前，山脈仍然是交通的最大障礙。葡萄牙人在果阿定居[22]，但並不能向前推進；孟買是英國在印度的最早領地[23]，但孟買轄區卻是最後建立的。恆河河口附近一帶是印度最大的天然海上大門，就在這一帶的胡格利河畔的加爾各答，英國建立起自己的基地。加爾各答是河運與海運的連接地，因而也是一個商業中心；它也是從海上來的征服者的天然行動基地。他們從這裡擴展勢力，深入內陸。舊日的孟買轄區和馬德拉斯轄區，後來分別改爲單獨的省，但孟加拉轄區卻劃分爲孟加拉、西北、旁遮普和中央等省份，我們幾乎可以再加上阿薩姆和緬甸[24]。因此，總結起來，在這條肥沃帶的兩端有著印度的兩座大門——開伯爾山口[25]和胡格利河。沿著這條肥沃帶的巨大通道是朱木拿河—恆河；在河流航道的兩端，各矗立著一個戰略的

22 果阿在一五一〇年被葡萄牙占領，一九六一年由印度收回。——譯者

23 孟買是英國最早的領地，再早一些時間，英國曾在蘇拉特和聖喬治堡設立一批工廠。

24 英國殖民主義者在武力侵占緬甸後，一度把緬甸劃為英屬印度的一個省。——譯者

25 開伯爾山口在今巴基斯坦和阿富汗之間。——譯者

和商業的首府，一端是德里，另一端是加爾各答[26]。

到此，我們已完成了對地理學的方法和範圍的概括論述。我相信，按照我所概述的方法而寫成的地理學著作，將能立即滿足政治家和商人的實際要求、歷史學家和科學家的理論要求，以及教師的知識要求。地理學固有的廣度和多方面的內容，應當宣稱是它的主要長處。同時，我們也必須認識到，這些正是使地理學在一個專家時代被「懷疑」的特質。這將是對我們所面臨的文化分裂這一威脅的長期抗議。在我們祖先的時代，古代名著是整個人類文化的共同要素，是專家們可以相互接觸的一個園地。世界在變化著，看來名著也變成一項專業，不管我們對已經發生的事情的變化表示遺憾或者歡呼，我們同樣有責任去找出一種代替的手段。在我看來，地理學似乎是把這種必需的一些特質結合起來了。對於講究實際的人說，不論他的目的是在政界出名或者積聚財富，地理學都是一個無法估價的資

26 加爾各答（Calcutta = Kali Katta），意為卡里女神的村莊。這裡產生一個問題：為什麼不是別的村落而是這個特別的村莊能崛起成為一個大城市？我願意建議使用「地理選擇」這個名詞來代替類似的「自然選擇」。

訊寶庫；對學生來說，這是一副興奮劑，鼓勵他們從這裡出發沿著成百條的專業道路前進；對教師來說，地理學將是達到喚起智力的一種工具，當然舊式的校長階層除外，因爲他們是根據一門學科對學生所引起的反感來估價它的培訓價值的。所有這些，我們都是從學科的統一性這一假設來說的。選擇的辦法是把科學與實用分開。接受這種辦法的後果將是兩者都遭到毀滅。實用的知識將被教師拒絕，而且在後半生中也難以領會；科學的知識將爲大多數人所忽略，因爲它缺乏在日常生活中可以利用的因素。老於世故的人、學者、科學家和歷史學家將會失去他們的共同講臺，世界將會變得淺薄。

歷史的地理樞紐

當遙遠的未來的歷史學家回顧我們目前正在經歷的這些世紀，並像我們現在研究埃及歷代王朝那樣把它們縮短來看時，他們很可能把最近的這四百年描述爲哥倫布時代，並且將認爲這個時代在一九〇〇年以後很快就結束了。最近，地理探險幾乎已成過去的說法已經是一種老生常談，人們並且認爲地理學必須轉到細緻的考察和哲學的綜合這個目標上來。在四百年中，世界地圖的輪廓已經近於準確地完成，即使在極地區域，南森（Nansen）和史考特（Scott）的航行也已大大地減少了重大發現的最後可能性。但是二十世紀的開端，之所以作爲一個偉大歷史時代恰當地結束，並不僅僅是由於這一成就——雖然它是偉大的。傳教士、征服者、農民、礦工和後來的工程師如此緊隨著旅行者的腳步之後，以致這個世界的遙遠邊境剛一發現，我們就必須記錄下它實際的完全的政治占有。在歐洲、北美洲、南美洲、非洲和澳大利亞，除文明國家或半文明國家之間的戰爭結果以外，幾乎沒有留下一塊需要確認所有權申明的土地。即使在亞洲，我們正在看到的，也許是最初由耶馬克（Yermark）騎兵，即哥薩克人和瓦斯科·達伽馬的水手要弄的那套把戲的最後幾招。概括地說，我們可以把哥倫布時代與它以前的時期作這樣的對比：哥倫布時代的基本特徵是歐洲幾乎是在沒有抵抗的情況下進行擴張，而中世紀的基督教世界則被圈在一個狹窄的地區內，並受到外部的野蠻世界的威脅。從現在開始，即在哥倫布以後的時代，我們不得不再一次與封閉的政治制度打交道，而且這將仍然是一個世界範圍內的問題。每一種社會力量的爆發，不會在周圍的某個不爲人知的空間和野蠻的混亂中消失，而是在地球遙遠的一邊引起強烈的反響，其後果是世界上政治和經濟有機體中的薄弱成分，將被震得粉碎。一枚炮彈落到一座土木工事中，與落到一座高樓或船隻等的封閉的空間和堅固建築物中，其影響有巨大差別。很可能，對這種事實的某些意識，就會最後使全世界所有地區的政治家，把他們的大部分注意力從領土擴張轉到比較生動的鬥爭上來。

因此，在我看來，在當前的十年中我們是第一次處於這種地位，即試圖以某種程度的完整性來闡明較廣的地理概括和較廣的歷史概括之間的相互關係。我們第一次能夠了解整個世界舞臺上各種特徵和事件的一些眞正的比例，並且可以尋求一種至少能表明世界歷史中某些地理原因的公式。如果我們幸運的話，那麼這個公式就應當具有透視當前國際政治中一些對抗勢力的實用價值。關於「帝國向西進軍」這句熟悉的短語，就是一項這類經驗的和片斷的企圖。今天晚上，我打算敘述世界上那些我相信對人類行動最具強制力的自然特徵，並且在地理學對它們並不了解的時代就已和歷史有機地結合在一起，從而使歷史呈現某些主要方面的面貌。我的目的不是要討論這種或那種自然特徵的影響，或者對區域地理進行研究，而是要展現作為世界有機體生活一部分的人類歷史。我承認，我只能達到真理的一個方面；也無意踏上極端唯物主義的歧途。起主動作用的是人類而不是自然，但是自然在很大程度上占支配地位。我所關心的是一般的自然支配作用，而不是世界歷史的原因。顯然，能夠達到期望的只是對眞理的最初步接近。我將恭順地聽取批評。

已故的弗里曼（Freeman）教授認爲：唯一能算作歷史的是地中海地區和歐洲種族的歷史。在某種意義上說，這當然是對的，因爲使希臘和羅馬的繼承者統治整個世界的那些觀念是來自這些種族之間的。然而從另一個而且十分重要的意義上說，這樣一種界限起著束縛思想的後果。形成與僅僅是一群有人性的動物相對立的一個國家的各種觀念，通常是在共同苦難的壓力和抵抗外來力量的共同需要下才被接受的。英格蘭的觀念，是由丹麥和諾曼征服者打入赫普塔克人[1]的頭腦中的；法蘭西的觀念，是與匈人在夏龍的戰爭以及在與英國的百年戰爭中，被強加給互相對抗的法蘭克人、哥特人和羅馬人的；基督教世界的觀念產生於羅馬人的迫害時期，到十字軍運動中才成熟；只是由於經過長期的獨立戰爭，合眾國的觀念才被接受，地區殖民者的愛國心才衰落消亡；在南日爾曼，只是在與北日爾曼結成夥伴反對法國的鬥爭以後，才勉強接受日爾曼帝國的觀念。我把注意力集中於各種觀念及其成果——文明上的這種可以稱之爲歷史的文學概念，易於忽略那些更基本的運動，而那些運動的壓力通常是孕育偉大觀念的那些努力的激發原因。一個討厭的人物，在使他的敵人聯合方面完成了一種有價值的社會功能；正是在外來野蠻人的壓力下，歐洲才實現它的文明。因此，我請求你們暫時地把歐洲和歐洲的歷史看作隸屬於亞洲和亞洲的歷史，因爲在非常眞實的意義上說，歐洲文明是反對亞洲人入侵的長期鬥爭的成果。

在現代歐洲政治地圖中最明顯的對比是：由俄國占據半個大陸的廣闊

1 赫普塔克（Heptarchy）是中世紀早期英國歷史上七國時代的七個國家。——譯者地域和由一群西歐國家占有較小領土所顯示的情景。從自然條件的觀點來看，當然在東部連續的低地與由複雜的山脈、河谷、島嶼、半島所一起組成的世界這一地區其餘部分之間，也存在一種類似的對比。初看一下，在這些熟悉的事實中，似乎在自然環境與政治組織之間存在著一種如此明顯的聯繫，以致不值得去加以說明；特別當我們注意到在整個俄羅斯平原上一個寒冷的冬天對應著一個酷熱的夏天，人們的生存條件因而更加一致時，更有這種感覺。然而像在《牛津地圖集》（*Oxford Atlas*）中所包含的一系列歷史地圖，卻會表明下列事實：不僅俄國歐洲部分與歐洲東部平原的範圍大體一致只是最近一百年左右的事情，而且在整個較早的時代，都不斷地一再表明在政治組合上存在著完全是另一種的傾向。兩組邦國通常把俄國分成北方和南方兩個政治體系。事實上，地形圖並不表現直到最近還在支配俄國人遷移和定居的那一特殊的自然差別。當大平原上冬天的雪幕向北消退時，接踵而來的是雨水，最大雨量在黑海沿岸出現在五月和六月，在波羅的海和白海附近則推遲到七月和八月。南部的晚夏是一個乾旱時期。作爲這種氣候「**體系**」下的後果是，北部和西北部爲僅被沼澤分隔的森林帶；南部和東南部是一望無際的禾草草原，僅僅在河流兩岸才長著樹木。分隔這兩個區域的界線，從喀爾巴阡山脈北端向北—東斜伸到距烏拉爾山南端近於其北端的一個地點。莫斯科位於這條界線以北不遠處，或者換句話說，位於森林這一邊。在俄國境外，這條大森林帶的界線向西延伸，恰好穿過歐洲地峽的中心；這條地峽橫貫在波羅的海與黑海之間，長八百英里。更往西，在歐洲半島的北部，森林伸展穿過德國平原；而其南部的草地則繞過喀爾巴阡山巨大的特蘭西瓦尼亞棱堡，並沿多瑙河向其上游延伸，穿過現在羅馬尼亞的麥田後到達鐵門。當地人稱爲普斯塔斯[2]，現在大部分已經開墾的一片孤立草原，處於被圍繞在喀爾巴阡山和阿爾卑斯山多樹林的邊緣中間的匈牙利平原。整個俄國西部除了遙遠的北方以外，森林的清除、沼澤的排水和草原的開墾，最近已經使景觀特徵趨於平齊，在很大程度上消滅了從前對人類具有很大強制力的差異。

早年的俄國和波蘭完全是在林中空地立國的。另一方面，在從五世紀到十六世紀的全部時期中，圖蘭語系的遊牧民族——匈人、阿瓦爾人、保加利亞人、馬札兒人、哈扎爾人、帕濟納克人（Patzinak）、庫曼人、蒙

2 普斯塔斯（Pusstas），意即草原。——譯者

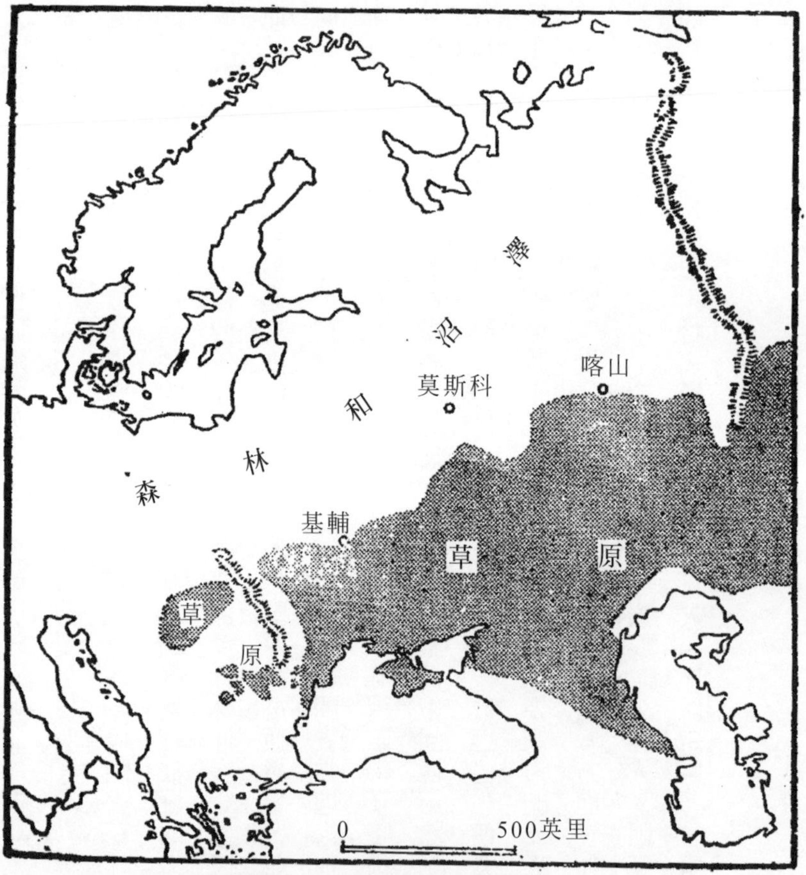

圖 1　十九世紀以前的東歐

據《貝格豪斯自然地圖集》（*Berghau' Physical Atlas*）中特魯德（Drude）所繪

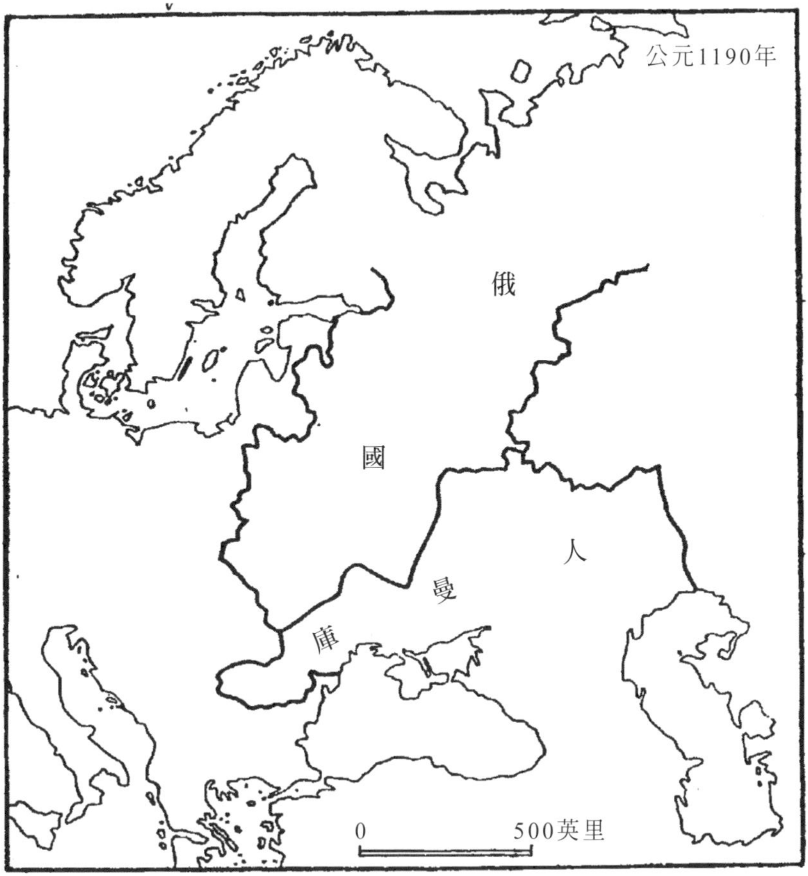

圖 2　第三次十字軍東征時東歐的政區

據《牛津歷史地圖集》（*The Oxford Historical Atlas*）

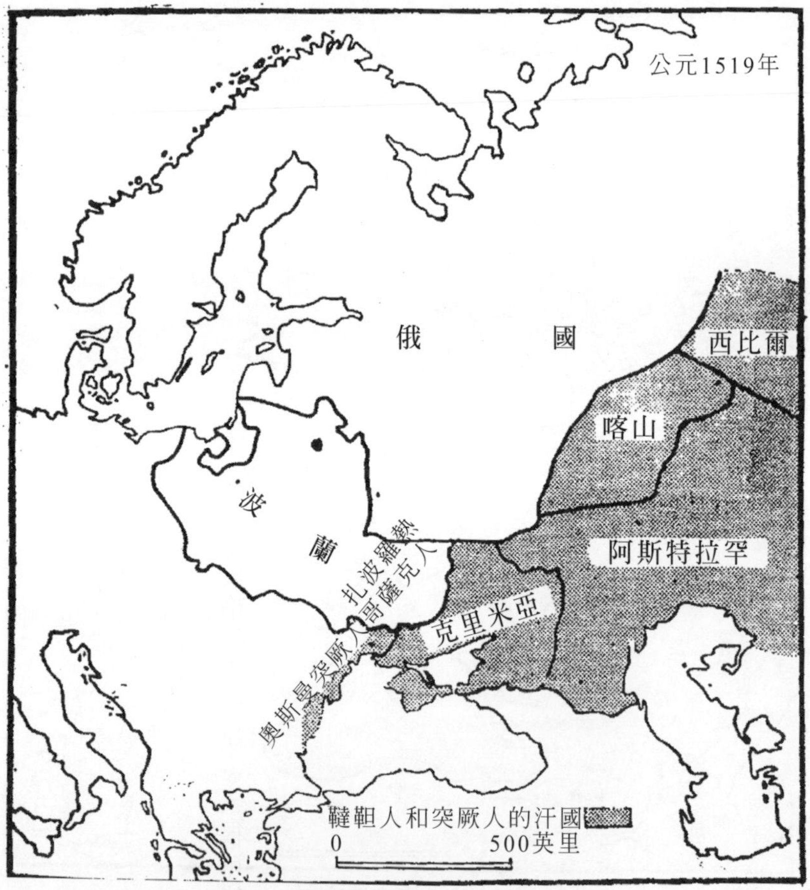

圖 3　查理五世即位時東歐的政區

據《牛津歷史地圖集》（*The Oxford Historical Atlas*）

古人、卡爾梅克人從人們所不了解的亞洲內地，穿越草原，通過烏拉爾山與裏海之間的隘口，令人驚異地接踵而至。在阿提拉[3]領導下，匈人在草原帶最遠的多瑙河流域的外圍普斯塔斯中部站穩了腳跟，並由此向北、向西、向南出擊歐洲的各定居民族。近代史的一大部分，可以看成是對這些襲擊所直接或間接引起的變化的注釋。盎格魯—撒克遜人很可能是在那時被驅趕過海，在不列顛島上建立英格蘭的。法蘭克人、哥特人和羅馬帝國各省的居民被迫第一次在夏龍戰場並肩戰鬥，進行反對亞洲人的共同事業；他們不自覺地結合成近代的法國。威尼斯是從阿奎萊亞和帕多瓦的廢墟上建立起來的。甚至教皇統治的決定性威望，也得自教皇利奧與阿提拉在米蘭的調停成功。這些就是一群冷酷無情而又無理想的牧民，掃過無障礙的平原所產生的收穫，也是巨大的亞洲鐵錘任意打擊這一空曠空間的成

3 阿提拉（Attila，約四〇六—四五三），匈人帝國（四三三—四五三）國王，在位時占有裏海至波羅的海和萊茵河間廣大地區，公元四五一年率軍越過萊茵河，攻掠高盧，發生夏龍之戰，敗退。翌年侵入義大利北部。四五三年返回他的根據地今匈牙利，病死，匈人帝國即瓦解。——譯者

果。緊接著匈人而至的是阿瓦爾人。奧地利正是作爲抵抗這些人的邊境地帶而建立的，維也納要塞則是查理曼大帝（Charlemagne）戰役的產物。又繼之而來的是馬札兒人，由於他們從在匈牙利的草原基地不斷出擊，使奧地利作爲前哨地點的意義增加了，從而也把日爾曼人的政治中心向東吸引到這個區域的邊緣地帶。保加利亞人在多瑙河以南建立了一個統治的特權階級，並且在地圖上留下了他們的名稱，雖然他們的語言屈從於被他們征服的斯拉夫臣民。對俄羅斯草原本部占領時間最長、最有效的，也許要算哈扎爾人了，他們是偉大的薩拉森[4]運動的同時代人；阿拉伯地理學家就把裏海稱作哈扎爾海。然而，在最後，新的遊牧民族從蒙古來到了，北部森林帶的俄國，作爲蒙古欽察汗國或「草原汗國」（the Steppe）的屬國達兩個世紀之久。在歐洲的其餘部分迅速前進的時候，俄羅斯的發展卻因此而耽誤和偏離。

應當注意到，從森林帶流入黑海和裏海的河流穿過遊牧民族的整個草原上的道路，而且不時地有著與騎馬人的運動成直角的、沿著河流的暫時

4 薩拉森人（Saracen）是阿拉伯人的古稱，十字軍東征時的伊斯蘭教徒。——譯者

性遷移。希臘基督教的傳教士就是這樣沿著第聶伯河上溯到基輔的，正如他們以前的北方瓦良格人[5]那樣，沿著同一條河流下行到君士坦丁堡。在更早的時候，條頓族的哥特人曾一度出現在聶斯特河畔，從波羅的海岸邊，以同樣的南—東方向橫越過歐洲。但這些都是短暫的插曲，並不損傷比較廣泛的概括的價值。在一千年內，一系列從亞洲興起的騎馬民族，穿過烏拉爾山和裏海之間的寬廣空隙，踏過俄羅斯南部開闊的原野，取得了歐洲半島的中心匈牙利；由於必須反抗他們這一需要，於是形成了周圍的每一個偉大民族——俄羅斯人、日爾曼人、法蘭西人、義大利人和拜占庭希臘人的歷史。他們所以激發了健康的和強有力的反應，而不是在一種普遍的專制主義下粉碎反抗，是由於這一事實：他們適應草原條件的力量的機動性，不得不在周圍的森林和山脈中停止。

一支可以匹敵的機動力量是駕著船隻的維京人。他們從斯堪的納維亞來到歐洲的南部和北部海岸，沿著水道深入內陸。但是他們的活動範圍是有限的，因爲一般說來，他們的力量只在水域附近才發生作用。這樣，歐

5 瓦良格人（Varangians），中世紀時對斯堪的納維亞居民的稱呼。——譯者

洲的定居民族就被夾在兩種壓力之間——從東方來的亞洲遊牧民族和另外三個方面從海上來的海盜。從本質上說，沒有一種壓力是勢不可擋的，因而兩者都是刺激的力量。值得注意的是，斯堪的納維亞人構成的影響，在意義上僅次於遊牧民族的影響，因爲在他們的攻擊下，英國和法國都作了長期的走向統一的努力，而義大利的統一卻被他們破壞了。在以前，羅馬帝國曾經利用它的道路來動員它的定居民族的力量，但羅馬的道路已經毀壞了，在十八世紀以前一直沒有恢復。

看來，即使是匈人的入侵也絕不是亞洲人入侵的第一次。荷馬和希羅多德所敘述的西徐亞人飲母馬的奶，顯然實行著同樣的生活技藝，可能是與後來的草原居民屬於同一個種族。一些河流名稱中的凱爾特語成分，如頓河（*Don*）、頓涅茨河（*Donetz*）、第聶伯河（*Dneiper*）、聶斯特河（*Dneister*）和多瑙河（*Danube*），也許可能表明它們是雖非同一種族，卻有類似習慣的民族的通道。但像以後的哥特人和瓦良格人那樣，凱爾特人只是來自北方的森林帶，也不是不可能的。然而，被人類學家稱作短頭人的這一巨大人口楔子，從短頭人的亞洲被驅趕向西，穿過中歐而進入法國，顯然是侵入到北部、西部和南部的長頭人之間，而且很有可能來源於亞洲[6]。

然而，亞洲人對歐洲影響的全部意義，我們在十五世紀蒙古人入侵之前是沒有認識的。但在我們分析涉及這些意義的主要事實以前，需要把我們的地理視野從歐洲移開，以便整體地考慮一下舊大陸。顯然，由於雨水來源於海洋，最大陸塊的中央部分可能相對乾燥些。所以，我們就不會對發現這點感到驚異：全世界三分之二的人口集中在這塊最大的大陸邊緣比較小的各個地區內——在歐洲是大西洋的旁邊，在印度和中國是印度洋和太平洋沿岸。一條由於實際上沒有雨量而幾乎無人居住的遼闊地帶，如撒哈拉，橫貫整個北非，並延伸入阿拉伯半島。中非和南非在大部分的歷史時期中和美洲及澳大利亞一樣，差不多是與歐洲及亞洲完全分隔的。實際上，歐洲的南界過去和現在都是撒哈拉，而不是地中海；因爲正是沙漠才把黑人與白人分開的。這樣，包括在大洋和沙漠之間這塊連續的歐亞陸塊，估計面積有二千一百萬平方英里（如果我們不算撒哈拉沙漠和阿拉伯

6 參看《歐洲的種族》（*The Races of Europe* by Professor W. Z. Ripley, Kegan Paul, 1900）。

沙漠的話），或者說占地球全部陸地的一半。還有許多塊孤立的沙漠散布在亞洲各地，從敘利亞和波斯向東北延伸到滿洲，但沒有可與撒哈拉相比的如此連續的空地。另一方面，歐亞大陸以有十分引人注目的水系分布爲特色。它的中部和北部廣大地區內的所有河流，從人們與外部世界的交通這種意義上看，實際上毫無用處。伏爾加河、奧克蘇斯河和賈沙特斯河（Jaxartes）流入鹽湖，鄂畢河、葉尼塞河和勒拿河流入北方冰凍的海洋。它們是世界最大河流中的六條河流。上述地區內還有許多較小但仍然值得重視的河流，如塔里木河和赫爾曼德河，它們也同樣不流入海洋。這樣，歐亞大陸的核心雖然點綴著一塊塊沙漠，整個說來是一個草原地帶，提供了一個廣闊的即使通常並不豐美的牧場；這裡有不少由河流哺育的綠洲，但全是不能從海洋經河道深入的地區。換句話說，在這片廣大地區內，有著可以維持稀少的，但總計起來還是數量可觀的騎馬或騎駱駝的遊牧民族的全部條件。他們的領域北以廣闊的亞極地森林和沼澤地帶爲界，那裡氣候太冷，除掉東端和西端以外，不宜農業聚落的發展。在東部，森林帶向南延伸直到阿穆爾地和滿洲的太平洋。西部的情況類似；在史前時期的歐洲，森林是占優勢的植被。這樣，在東北、北和西北方都有框限

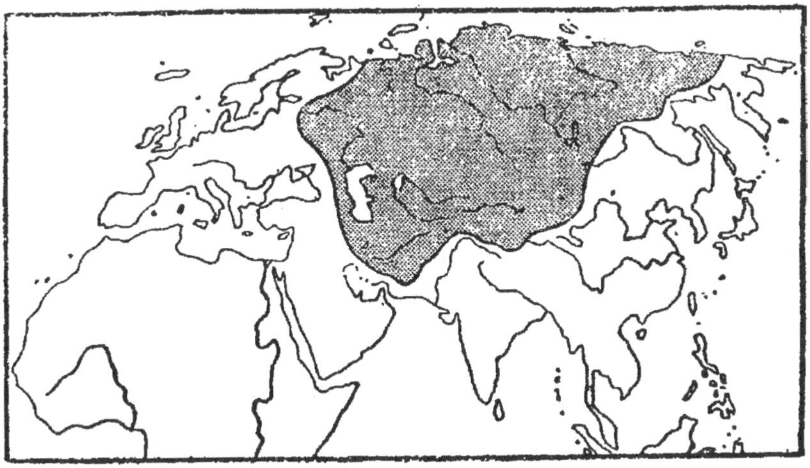

圖4　歐亞大陸和北極的水系

（等積投影）

的草原，從匈牙利的普斯塔斯到滿洲的小戈壁（Little Gobi），綿延達四千英里；除掉最西端以外，沒有可以接近海洋的河流穿過草原。因爲我們可能忽略最近在鄂畢河口和葉尼塞河口對貿易所作的努力。在歐洲、西西伯利亞和西土耳其斯坦，草原的地勢很低，有些地方低於海平面。再向東到蒙古，草原延伸在高原上，但是從一個高度到另一個高度的通道，越過乾旱的心臟地帶中裸露而沒有陡崖的較低山地，幾乎沒有困難。

終於在十四世紀中葉，襲擊歐洲的遊牧民族，在三千英里以外蒙古高原草地上集結起第一批部隊。可是蹂躪波蘭、西里西亞、摩拉維亞、匈牙利、克羅埃西亞和塞爾維亞好幾年的這場浩劫，不過是與成吉思汗名字連在一起的東方遊牧民族巨大攪動的最遙遠、最瞬息的後果。當金帳帝國占領從鹹海經烏拉爾山脈與裏海之間的通道，到喀爾巴阡山麓的欽察草原時，另一群遊牧部落從裏海和興都庫什山之間，向西南下到波斯、美索不達米亞，甚至侵入到敘利亞，建立了伊兒汗國的統治。第三支隨後攻入中國北部，征服了中國。印度、蠻子（Mangi）[7]（或中國南部）一度受到舉世無雙的西藏屏障的保護；這一屏障的功效，除掉撒哈拉沙漠和極地冰塊以外，在世界上或許是無與倫比的。但到後來，在蠻子的馬可·波羅時代和印度的帖木兒[8]時代，這個屏障被繞道克服了。這樣，就出現了下列

7 係對南宋政府的蔑稱。——譯者

8 帖木兒（Tamerlane, 1336-1405），帖木兒帝國的創立者，興起於撒馬爾罕，自稱成吉思汗繼承者，征服波斯、花剌子模等地先後侵入伊拉克、俄羅斯、印度，焚掠德里。一四〇五年（明永樂三年）率兵二十萬，擬東侵中國，途中病死罷兵。——譯者

情況：在這一典型的、記錄詳明的事例中，舊大陸所有定居的邊緣地帶，或先或後地都感覺到來自草原的機動力量的擴張勢力。俄國、波斯、印度和中國，不是成立蒙古王朝，就是它的屬國；甚至突厥人在小亞細亞先後建立的政權，也覆滅達半個世紀之久。

歐亞大陸其他的邊緣地帶，也像歐洲的情況一樣，有著早期的入侵紀錄。中國不止一次地屈從於從北方來的征服者，印度則多次被來自西北方的征服者征服。然而，就波斯說，在早期的入侵中，至少有一次對西方文明史有著特殊的意義。在蒙古人出現以前的三四百年，從中亞崛起的塞爾柱突厥人沿著這條道路蹂躪了我們可以稱之爲五海地區——裏海、黑海、地中海、紅海和波斯海的廣大地域。他們在克爾曼、在哈馬丹和小亞細亞站穩腳跟，並推翻了巴格達和大馬士革的薩拉森人統治。表面上是爲了懲罰他們對耶路撒冷基督徒朝聖者的虐待，基督教世界進行了一系列大規模的總稱爲十字軍東征的戰爭。雖然這些戰爭沒有達到它們的直接目的，但是它們如此地攪動歐洲和團結了歐洲，以致我們可以把十字軍東征看作近代史的開端——這是由反抗來自亞洲心臟地帶的壓力的需要，所激發起來的歐洲發展的另一個突出的例子。

我們現在談到的歐亞大陸的概念，是一塊連續的陸地，北部爲冰塊圍繞，其他三面爲水域包圍，面積爲二千一百萬平方英里，或者說等於北美洲面積的三倍以上。這塊陸地的中部和北部，估計約有九百萬平方英里，或者爲歐洲面積的二倍以上，沒有可以利用的通到海洋的水道，但是另一方面，除掉亞極地森林以外，一般說來十分適合騎馬和騎駱駝民族的機動性。這個心臟地帶的東面、南面和西面是呈巨大新月形的邊緣地區，由海路可以到達。根據自然形態，它們可分爲四個區域，而且值得注意的是，一般地說，它們分別與四大宗教——佛教、婆羅門教、伊斯蘭教和基督教的領域相一致。前兩個區在季風地帶，一個面向太平洋，另一個面向印度洋。第四個區是歐洲，得到從西面來的大西洋雨水的滋潤。這三個區加在一起，面積不足七百萬平方英里，擁有十億以上或全世界三分之二的人口。第三個區與五海地帶或者更常說的近東地區一致，它在很大程度上因靠近非洲而缺少水分，因而除綠洲外，居民稀少。在某種程度上說，它兼有歐亞大陸邊緣帶和中心區的一部分特徵。這個地區基本上缺乏森林，分布著小塊沙漠，因而適於遊牧民族的行動。然而，它主要是一個邊緣區，因爲它的各個海灣和通海的河流對海上強國是敞開的，並且允許從這裡施加海上威力。其結果，在整個歷史上，這裡週期地出現以巴比倫和埃及的巨大綠洲農業人口爲基礎、本質上屬於邊緣系列的帝國，並以暢通的水上交通與印度和地中海地區的文明世界相聯繫。但是，正如我們應當想到的那樣，這些帝國遭受了無比的一系列劇烈變革，有些是由於從中亞來的西徐亞人、突厥人和蒙古人的襲擊；另一些則因爲地中海地區的各民族，努力要獲得從西大洋到東大洋邊的陸上通道。這裡是早期文明地帶中最脆弱的地點，因爲蘇伊士地峽把制海權分成東西兩部分，而從中亞延伸到波斯灣的波斯乾旱荒原，使遊牧勢力總有機會打到那一片把東面的印度、中國與另一面的地中海世界分隔開來的大洋邊緣。每當巴比倫、敘利亞和埃及綠洲的守備薄弱的時候，草原民族就可以把開闊的伊朗高原和小亞細亞作爲前進的據點，從那裡穿過旁遮普而進入印度，經過敘利亞而攻入埃及，越過博斯普魯斯和達達尼爾的斷橋而進入匈牙利，維也納地當歐洲內地的入口處，抗阻著從兩方面——直接穿過俄羅斯草原與繞道黑海、裏海以南而來的遊牧民族的襲擊。

這裡，我們已經說明了薩拉森人和突厥人在控制近東上的主要區別。薩拉森人是閃族的一個支系，主要是幼發拉底河和尼羅河流域，以及低亞小塊綠洲中的各民族。他們利用他們的土地所許可的兩種機動力量——一種是馬和駱駝，另一種是船隻——建立了一個偉大的帝國。在不同的時代裡，他們的艦隊既控制了遠達西班牙的地中海，也控制了直到馬來群島的印度洋。從他們介於東西兩大洋之間的戰略中心位置出發，他們企圖仿效亞歷山大和搶在拿破崙之前，征服舊大陸的全部邊緣地區。他們甚至能夠威脅草原地帶。毀滅薩拉森文明的突厥人是從閉塞的亞洲心臟地帶來的圖蘭人異教徒，他們與來自阿拉伯半島以及歐洲、印度和中國的人都截然不同。

海洋上的機動性，是大陸心臟地帶的馬和駱駝的機動性的天然敵手。正是在入海河流航運的基礎上，建立起河流階段的文明，如揚子江畔的中國文明、恆河畔的印度文明、幼發拉底河畔的巴比倫文明、尼羅河畔的埃及文明。正是在地中海航運的基礎上，建立起稱作海洋階段的文明，如希臘和羅馬的文明。薩拉森人和維京人是靠近岸航行來掌握統治權的。

發現通向印度的好望角航路這一事件的極其重要成果，是把歐亞大陸東西海岸的航行連接起來，即使這是一條迂回的路線；從而在某種程度上，由於壓迫草原遊牧民族的後方而抵消了他們中心位置的戰略優勢。由哥倫布一代的偉大航海家們開始的變革，賦予基督教世界以最廣大的除飛翔以外的活動能力。這個單一、連續的包圍分散的島狀陸地的海洋，當然是制海權最終統一的地理條件，也是馬漢（Mahan）船長和史賓塞．威爾金森先生等這些作家們所闡述的當代海軍戰略及政策的全部理論的地理條件。主要的政治效果是把歐洲與亞洲的關係顛倒過來，因爲在中世紀時，歐洲被關在南面不可逾越的沙漠、西面無邊莫測的大洋，和北面、東北面冰或森林覆蓋的荒原之間，而東面和東南面又經常受到騎馬和騎駱駝民族的優勢機動性的威脅。歐洲現在出現在世界上，它能到達的海域和沿海陸地增加了三十倍以上，它的勢力包圍著至今一直在威脅它本身生存的歐亞陸上強國。在水域中間發現的空曠土地上，創造了許多新的歐洲，對於歐亞大陸來說，現在的美洲和澳洲，甚至在某種程度上說，撒哈拉外側的非洲，就是以前歐洲的不列顛和斯堪的納維亞。英國、加拿大、美國、南非、澳大利亞和日本，現在是制海權和商業上的一連串外圍島嶼基地，它們是歐亞大陸陸上強國難以到達的地方。

但是陸上強國依然存在，而且最近的一些事件再次增加了它的重要性。當西歐的航海民族以他們的艦隊控制海洋，在各大陸的外緣定居，並在不同程度上把亞洲的海洋邊緣區變成屬地時，俄國組織起哥薩克人從北部森林地帶出現了，部署它自己的遊牧民族來對抗韃靼遊牧民族，從而管轄了草原區。都鐸[9]世紀曾經目擊西歐在海洋上的擴張，也看到了俄國的勢力從莫斯科穿過西伯利亞。哥薩克騎兵席捲亞洲的向東猛撲，差不多和繞道好望角一樣孕育著巨大的政治後果。雖然這兩項活動是長期分隔的。

這大概是歷史上最驚人的巧合之一：在某種意義上說，歐洲的向海和向陸的擴張，應該認爲是古代羅馬和希臘之間對抗的繼續。在造成意義深遠的這一點上，幾乎沒有哪些重大的失敗能比得上羅馬在使希臘人拉丁化上的失敗了。條頓族得到羅馬人的文明化和基督教化，而斯拉夫族則主要受惠於希臘人。後來乘船下海的是羅馬—條頓人，而踐踏草原、征服圖蘭人的則是希臘—斯拉夫人。因此，現代的陸上強國與海上強國，在思想根源上的差異不少於機動性上的物質條件的差異[10]。

9　英國歷史上一四八五—一六〇三年的王朝。——譯者

10　這個說法在宣讀本文以後的討論中曾受到批評，我重新考慮了這一段，仍然認為它基本上是正確的。即使拜占庭希臘人不是當時那樣的人，羅馬也要完成對古希臘的征服。毫無疑問，所說的思想是拜占庭人的而不是希臘人的，但它們也不是羅馬人的，這是問題的焦點。

追隨在哥薩克人之後的俄國，從它以前隱居的北方森林中安全地走了出來。在上一世紀中，歐洲發生的本質上最重要的變化，也許是俄國農民的向南遷移；以前，農業聚落終止於森林的邊界，而現在整個歐洲俄國的人口中心，已位於森林邊界以南，取代更西面草原的麥田中間。敖德薩以一個美國城市的速度，從這裡崛起成爲重要的城市。

在一個世紀以前，蒸汽機和蘇伊士運河的出現，增加了海上強國相對於陸上強國的機動性。鐵路的作用主要是遠洋貿易的供應者，但是現在橫貫大陸的鐵路改變了陸上強國的狀況；鐵路在任何地方都沒有像在閉塞的歐亞心臟地帶，像在沒有木材或不能得到石塊修築公路的廣大地區內所發揮的這種效果。鐵路在草原上創造了更加偉大的奇蹟，因爲它直接代替了馬和駱駝的機動性；發展公路的階段在這裡被省掉了。

在商業方面，我們不應該忘記海洋運輸雖然比較便宜，但通常要包括四次裝卸貨物的工序——在貨源的工廠、出口碼頭、進口碼頭和供零售商批發的內陸倉庫；而陸上的鐵路貨車可以直接從輸出的工廠開到輸入的倉庫。因此，邊緣區的遠洋貿易（在其他事項相同的情況下）就趨向於在大陸周圍形成一個滲透帶，它的內界大致以這一線爲標誌：即在這條線上，四次裝卸費、海運費和從鄰近海岸來的鐵路運費，相等於兩次裝卸費和陸上鐵路貨運費之和。英國和德國的煤，據說就是在這種條件下途經倫巴底[11]而相互競爭的。

俄國的鐵路從西端維爾巴倫（Wirballen）到東端符拉迪沃斯托克，整整長達六千英里。正如過去英國在南非的駐軍證明它是海上強國一樣，俄國目前在滿洲的軍隊也證明它是機動的陸上強國。誠然，橫貫西伯利亞的鐵路仍然是一條單一的和不安全的交通線，但是在本世紀結束以前，整個亞洲將會布滿了鐵路。在俄羅斯帝國和蒙古境內的空間如此遼闊，他們在人口、小麥、棉花、燃料和金屬方面的潛力如此巨大，一個多少有些分隔的廣闊的經濟世界將在那裡發展起來，遠洋通商將被拒於門外，這是必然的。

當我們考慮對這個廣闊的歷史潮流所作的迅速回顧時，不是覺得明顯地存在著某種地理關係的持續性嗎？歐亞大陸上那一片廣大的、船舶不能到達，但在古代卻任憑騎馬牧民縱橫馳騁，而今天又即將布滿鐵路的地

11 倫巴底在義大利境內。——譯者

區，不是世界政治的一個樞紐區域嗎？那裡從古到今，一直擁有適合一種具有深遠影響而又侷限性質的軍事和經濟力量的機動性的各種條件。現在俄國取代了蒙古帝國。它對芬蘭、斯堪的納維亞、波蘭、土耳其、波斯、印度和中國的壓力取代了草原人的向外出擊。在全世界，它占領了原由德國掌握的在歐洲的中心戰略地位。除掉北方以外，它能向各方面出擊，也能受到來自各方的攻擊。它的現代鐵路機動性的充分發展，只是一個時間問題而已。任何可能的社會變革，似乎都不會改變它和它的生存的巨大地理界線之間的基本關係。它的統治者明智地看到它的力量的侷限性，所以放棄了阿拉斯加，因爲對俄國來說，不在海外占有領土，和英國必須擁有海上優勢一樣，是一條政策的守則。

樞紐以外地區，在一個巨大的內新月形地區中，有德國、奧地利、土耳其、印度和中國；在外新月形地區中，有英國、南非、澳大利亞、美國、加拿大和日本。在當前的力量對比的狀況下，樞紐國家俄國與周圍的國家不對等，有一個讓法國來充當平衡物的位置。美國最近已成爲一個東方強國，它不是直接地，而是透過俄國來影響歐洲的力量對比，而且它將修建巴拿馬運河，以便使它的密西西比河流域和大西洋沿岸的資源能用於

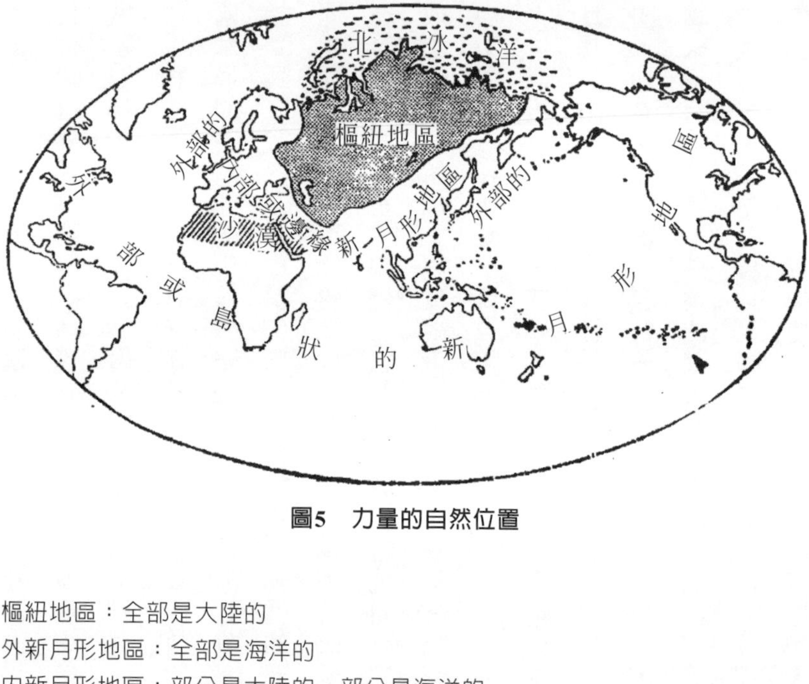

圖5　力量的自然位置

樞紐地區：全部是大陸的
外新月形地區：全部是海洋的
內新月形地區：部分是大陸的，部分是海洋的

太平洋上。從這個觀點來看，大西洋才是東西方之間將來的眞正分界線。

樞紐國家向歐亞大陸邊緣地區的擴張，使力量對比轉過來對它有利，這將使它能夠利用巨大的大陸資源來建立艦隊，那時這個世界帝國也就在望了。如果德國與俄國結盟，這種情況就可能發生。因此，這樣一種事態的威脅，必將推動法國與海上強國聯盟，於是法國、義大利、埃及、印度和朝鮮就會成爲這麼多的橋頭堡，外部的海軍可以從這些橋頭堡支持陸上部隊來迫使樞紐聯盟也部署陸上部隊，從而阻止他們集中全力去建立艦隊。同這一情況相比，以前威靈頓[12]在伊比利亞半島戰爭中，利用托雷斯維德拉斯的海軍基地所取得的成就，就是小規模的了。難道這不能夠最終證明印度在大英帝國體系中的戰略作用嗎？難道這不是艾默里先生的「英國軍事前線從好望角經過印度伸展到日本」這一概念的思想基礎嗎？

南美洲巨大潛力的開發，可能對這個體系產生決定性的影響。它們可以加強美國的實力，或者，在另一方面，如果德國向門羅主義挑戰而取得成功的話，那麼它們就可能使柏林與那個我也許可以稱之爲樞紐的國家分

---

12 威靈頓（A. W. Wellington, 1769-1852），英國將軍及政治家。——譯者

開。進入對比的力量的這種特殊的組合，現在不是實體的；我的論點是從地理觀點看，它們很可能圍繞著樞紐國家旋轉，樞紐國家很可能是強大的，但與周圍的邊緣和島嶼強國相比，只有有限的機動能力。

我是以一個地理學家的身分來講這番話的。在任何特定時間裡政治力量的實際對比，當然一方面是地理條件——既有經濟的又有戰略的，另一方面也是對抗雙方國民的相對數量、活力、裝備和組織的乘積。隨著對這些數量正確估計程度的提高，我們可能不必訴諸武力去調整差異。在計算時，地理的數量比起人文的數量來可以更好地測定，更接近於穩定不變。因此，我們應當期望能找到既可用於過去歷史，也可用於當前政策的公式。各個時代的社會運動，基本上都是圍繞著相同的自然特徵進行的，因爲我懷疑亞洲和非洲的逐漸乾燥——即使已被證明——是否在歷史時期內已經重大地改變了人類的環境。在我看來，「帝國向西進軍」一語是邊緣強國圍繞著樞紐地區的西南和西部邊緣的一次短暫的旋轉。近東、中東和遠東的問題，與在邊緣新月形這些部分的內部和外部強國的不穩定平衡有關，目前，那一帶的當地力量或多或少地是無足輕重的。

最後，可以很明確地指出：某一新的力量代替俄國對這片內陸地區的控制，將不會降低這一樞紐位置的意義。例如，假如中國被日本組織起來去推翻俄羅斯帝國，並征服它的領土的話，那時就會因爲他們將面臨海洋的優越地位和把巨大的大陸資源加到一起——這是占有樞紐地區的俄國人現在還沒有到手的有利條件，構成對世界自由威脅的黃禍[13]。

13 黃禍（yellow peril），此詞在一般意義上是指黃種人對西方的威脅，有些西方的政客和新聞記者有時用此詞特指中國，進行攻擊。麥金德發表這一篇演說時在一九〇四年，中國正處在生死存亡的危急關頭。一九〇〇年八國聯軍侵占北京，一九〇一年清政府與德、英、日、俄等十一國訂立《辛丑條約》。在麥金德發表這一演說以後不到一個月，日俄兩國就發生了為重新分割中國東北和朝鮮的一場帝國主義戰爭，主要戰場在中國東北境內。在麥金德看來，中國將被日本鯨吞，因而說出了「中國被日本組織起來」的話，並據以作出他的「立論」。——譯者

哈爾福德．約翰．麥金德年表

Halford John Mackinder, 1861-1947

年代	生平記事
一八六一	二月十五日出生於林肯郡的蓋恩斯巴勒。
一八七四	進埃普索姆學院學習。
一八八○	進入牛津大學，攻讀自然科學和近代史。
一八八六	取得律師資格。被選為英國皇家地理學會會員。
一八八七	發表〈地理學的範圍和方法〉論文報告。擔任牛津大學地理學高級講師，為英國大學第一次有這種任命。
一八九二—一九○三	任雷丁學院（College at Reading）院長。
一八九九	擔任牛津大學地理系主任。首次登上肯亞山。
一九○○	發表〈到英屬東非肯亞山山頂的旅行〉。
一九○二	出版《不列顛和不列顛海》（*Britain and the British Seas*）一書，在英國地理學文獻中公認為具有里程碑地位。
一九○三—一九○八	任倫敦經濟學院長。
一九○四	向皇家地理學會宣讀論文〈歷史的地理樞紐〉。
一九一○	一月代表格拉斯哥卡姆拉基選區進入議會，任英國下院議員，直到一九二二年為止。
一九一九	出版《民主的理想和現實》一書。

年代	生平記事
一九一九—一九二〇	擔任英國駐南俄高級專員，回國獲得爵士稱號。
一九四四	接受美國地理學會授予查爾斯·戴利獎章。
一九四六	獲頒皇家地理學會佩特倫獎章。
一九四七	三月六日逝世於多塞特郡的帕克斯通家中，享年八十六歲。

經典名著文庫 206

歷史的地理樞紐

The Geographical Pivot of History

作　　者 —— 哈爾福德．約翰．麥金德（Halford John Mackinder）
譯　　者 —— 林爾蔚　陳江
發 行 人 —— 楊榮川
總 經 理 —— 楊士清
總 編 輯 —— 楊秀麗
文庫策劃 —— 楊榮川
特約編輯 —— 郭雲周
本書主編 —— 蘇美嬌
封面設計 —— 姚孝慈
著者繪像 —— 莊河源
出 版 者 —— 五南圖書出版股份有限公司

地　　址 ——台北市大安區 106 和平東路二段 339 號 4 樓
電　　話 ——02-27055066（代表號）
傳　　眞 ——02-27066100
劃撥帳號 ——01068953
戶　　名 ——五南圖書出版股份有限公司
網　　址 ——https://www.wunan.com.tw
電子郵件 ——wunan@wunan.com.tw

法律顧問 —— 林勝安律師
出版日期 —— 2023 年 12 月初版一刷
定　　價 —— 220 元

國家圖書館出版品預行編目資料

歷史的地理樞紐 / 哈爾福德．約翰．麥金德 (Halford John Mackinder) 著 ; 林爾蔚 , 陳江譯 . -- 初版 -- 臺北市 : 五南圖書出版股份有限公司 , 2023.12
面 ; 公分
譯自 : The geographical pivot of history
ISBN 978-626-366-276-6(平裝)

1.CST: 地理學　2.CST: 地緣政治

609.7　　112010315